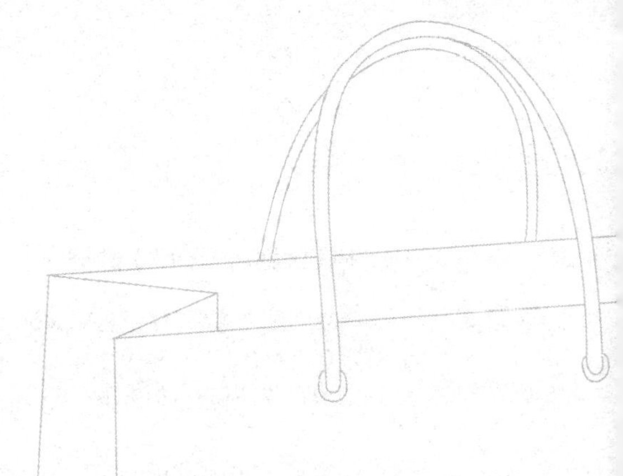

销售拼的不仅是硬技巧，更需要玩转高情商！

卖产品就是“卖”自己

梁汉桥 著

中华工商联合出版社

图书在版编目（CIP）数据

卖产品就是“卖”自己 / 梁汉桥著. -- 北京 : 中华工商联合出版社, 2016.10
ISBN 978-7-5158-1812-2

Ⅰ. ①卖… Ⅱ. ①梁… Ⅲ. ①销售—通俗读物 Ⅳ. ①F713.3-49

中国版本图书馆CIP数据核字(2016)第252132号

卖产品就是“卖”自己

作　　者：梁汉桥
责任编辑：胡小英　邵桄炜
装帧设计：润和佳艺
责任审读：李　征
责任印制：迈致红
出版发行：中华工商联合出版社有限责任公司
印　　刷：大厂回族自治县彩虹印刷有限公司
版　　次：2016年11月第1版
印　　次：2018年6月第4次印刷
开　　本：710×1000mm　1/16
字　　数：220千字
印　　张：14.5
书　　号：ISBN 978-7-5158-1812-2
定　　价：35.00元

服务热线：010-58301130
销售热线：010-58302813
地址邮编：北京市西城区西环广场A座
19-20层，100044
http://www.chgslcbs.cn
E-mail：cicap1202@sina.com（营销中心）
E-mail：gslzbs@sina.com（总编室）

凡本社图书出现印装质量问题，请与印务部联系。
联系电话：010-89581657

序言

销售究竟卖的是什么？这个问题对很多人来说或许不是一个问题，因为人们自然会想到“销售卖的是产品”。然而，问题的答案似乎又没有这么简单。市场上的产品琳琅满目，即便是做同一种品牌产品的销售，有些人可以把产品成功地卖出去，有些人却难以卖出去。销售的成功与失败，通常是我们长期关注与研究的问题。

我们不妨站在客户的角度来看待销售的成功与失败。客户为什么要买你的产品，而不是你竞争对手的产品？或者是购买竞争对手的产品，却没有给你销售的机会？即便是同一种产品，客户只从某个销售人员那里购买，如果换了别的销售人员，客户就会停止购买，甚至转向竞争对手企业那里去购买？当然，还有种情况是，销售同样的产品，客户一直不签订单，然而换了一个销售人员后，客户却爽快地签了单。

在客户眼里，自己只是购买一种产品、一种使用价值，为什么与销售人员还扯上了这么多关系呢？这便是销售的奥妙所在。同一种产品，不同的人去销售，有些人可以打开市场，把产品做成热销品；有些人却难以撬动市场的杠杆，最终把产品做成了滞销品。由此可见，销售绝不仅仅是“卖产品”那么简单，相反，产品在客户眼里的受欢迎程度，很多时候是销售人员努力的结果。

对此，被称为“世界上最伟大的推销员”、连续12年荣登世界吉尼斯汽车销售第一的宝座、在15年的汽车推销生涯中卖出13001辆汽车、销售业绩至今无人能够打破的乔·吉拉德曾这样总结自己的成功：“我不卖车！我只卖乔·吉拉德！”

实际上，乔·吉拉德的话已经告诉了我们“销售究竟卖的是什么”这个问题的答案，那便是：销售就是卖自己！

在这里，我们要对销售有一个深刻的认识，即销售属于服务行业，做销售实则就是为客户做服务。服务做好了，客户自然会选择购买；服务没做好，客户就不会或不愿选择购买。因此，我们所说的“销售就是卖自己”，实际上是在强调一种服务的理念，销售人员要做好销售服务，使得客户发自内心地愿意接受你的销售服务，相当于你所提供的销售服务获得了客户的认可，客户愿意购买你所提供的销售服务，简单来说，便是客户愿意向你购买产品。

基于此，当有些销售人员还在烦恼于定期和不定期的销售任务考核时、烦恼于遭遇客户的拒绝时、烦恼于销售业绩不能显著提升时，销售人员所需要做的绝不是怨天尤人、寻找借口，更不是埋怨产品本身不好卖或者客户不通情理难接触，其中最关键的问题是，销售人员应反思自己是否做好了销售服务，或者换位思考，假如你是客户，是否愿意接受自己当下所提供的“销售服务”。如果你对自己的“销售服务”都难以接受，又怎能苛求客户来接受呢?

其实，当销售人员真正意识到自己在做一种有意义、有价值的服务工作时，就会更好地正视自己所从事的工作。因而本书将要告诉你的是怎样才能在销售中做好自己，怎样才能为客户提供难以拒绝的销售服务，怎样才能具备最实用的销售智慧。

本书共分十章，有层次、有条理、有系统地阐述了销售中销售人员如何把自己成功地推销给客户，让客户接纳自己的销售服务，进而实现产品销售的各种方法、技巧。可以说，如果销售人员按照本书所阐释的方法勤加练习，一定会有助于提升自己的销售能力。为了增强读者朋友阅读时身临其境的感觉与兴趣，书中辅以大量销售案例及故事，可供读者参考。

不仅如此，本书考虑到在互联网时代，电话销售、网络销售已经成为销售工作中的重要方式与渠道，但究其本质，电话销售、网络销售仍属于销售的范畴，自然也适用于销售工作的原则，如“先卖人品、再卖产品”等，所不同的只是销售工具有些变化，但销售的内在精神并未变化。所以，本书对在电话销售、网络销售中如何更好地服务进行了专门阐述，以更好地适应市场上对电话销售、网络销售的旺盛需求。

本书适用于销售管理者、销售从业者、高等院校市场营销专业的教师与学生，以及任何对销售感兴趣的人士阅读和参考。

最后，衷心地祝愿广大读者朋友能从本书中有所收益，并能够更好地运用于工作、学习和生活中。祝大家一切顺利，早日实现自己的梦想!

目录

第三章　用你的热忱去感动顾客

第四章　善于提问和倾听

第五章　口才与气场

第六章　给诚信账户不断储值

第七章　微笑的魅力

第八章　电话销售中的自我推销

第九章 网络销售如何推销你自己

第十章 做销售就是做服务

附录 乔·吉拉德的销售秘诀

后记

卖产品前，先把自己卖出去

销售人员获取订单的秘籍

小李是一家小型调味品厂的业务员，他的主要工作是为产品找销路。由于厂子的实力较弱、知名度不够响，再结合企业自身所具备的资源整合能力，小李明白，眼下如果直接去卖场铺货，一则成本高，二则缺乏相应的品牌支撑，会使本厂有些力不从心，要提升销量就得找经销商、发展经销商，才能更好地做渠道和终端。在选择经销商时，找有实力的经销商显然是首选。

小李通过网络讯息与行业资料，仔细分析了本地区的调味品代理商情况，最后确定了华瑞公司。该公司代理了老干妈、海天、太太乐、厨邦、李锦记等一大批知名品牌的调味品，年销量5000多万元，是本地区最大的综合性调味品代理商，销售网络遍布全省。因此，小李将华瑞公司拟定为准合作对象。

小李找到华瑞公司的负责人萧总，对方知道他的来意后，看小李所在的公司名不见经传，产品相对于其他大品牌产品而言亮点也并不突出，态度上便有些不冷不热，显示出没有多大兴趣。

小李见状并未灰心，而是不慌不忙地与萧总聊起了家常。当聊到华瑞公司的创业史时，萧总面露兴奋、滔滔不绝，小李边听边微笑点头。说完创业史，萧总发愁地说：“公司发展得很快，原来简单的管理方法已经跟不上了，在管人、管事、管钱各方面都遇到了瓶颈，很是烦恼。”

小李心想机会来了，自己一直在琢磨经销商内部管理方面的问题，还看了大量企业管理书籍，今天可派上用场了，好好侃他一侃！

于是，从图表化管理到流程设计，从人员轮岗制度到财务预算，小李讲得头头是道。萧总听着听着，频频点头，对小李的态度明显亲和了许多。聊到后来，小李不仅使本厂的产品以最好的条件与华瑞公司签订了代理合同，还被萧总特聘为企业顾问，专门为华瑞公司的内部管理出谋划策。

看了上面的销售案例，我们可能会想，一家小公司，再加上没什么知名度的产品，如何才能获得客户的认可？在当今产品同质化严重的市场环境下，我们怎样做才能在渠道建设中获得成效？这显然是摆在每个销售人乃至每个企业面前，却又不得不面对的问题。

销售的本质是服务，再扩展开来讲，它是销售人员为客户提供的一种服务。这种服务不仅包括产品咨询，还包括人际间的有效沟通而给客户带来的某种心理愉悦感等。因此，很多时候，销售获得成功，是因为你把客户服务好了，让客户觉得心里顺畅了、愿意同你合作了，用句俗话说，就是“你把客户搞定了”。

在上面的案例中，小李作为一家小厂子的业务员，在一个很有实力的大型经销商面前原本处于劣势。这是因为，大型经销商在一定程度上掌握着市场渠道和终端，因而在市场中有一定的发言权，通常是各大厂商联结生产与销售的重要中间环节，也是各大厂商花大力气重点经营的对象。

小李所代表的小厂家与各大品牌厂商相比，按理说应该很难获得大型经销商华瑞公司的关注，若要以较好的合作条件与华瑞公司签订合同，更是难上加难。然而，小李通过长期积累的才识以及良好的综合素养与个人魅力，获得了华瑞公司负责人萧总的青睐，进而成功地与华瑞公司达成了合作关系，为所在厂家铺起了一条有影响力的销售渠道，小李本人也在销售中进一步拓展了人脉，甚至成为华瑞公司的企业顾问。

由此可见，销售人员获取订单或许会受到一些外在因素，如公司知名度、产品品牌、人脉等因素的影响，但能否获取订单更关键的还在于销售人员是否赢得了客户的认可，是否成功地把自己推销给了客户。

在当今市场竞争激烈、产品同质化严重的情况下，很多公司的产品在功能上具有高度的相似性。这时，销售人员的人的因素在其中起的作用就会更加明显。正是基于此，我们才说，从大局与长远来看，销售人员能获取订单是因为销售人员把自己成功地卖了出去！

销售时先卖自己还是先卖产品

小马是一位基金销售人员，在他最初销售基金理财产品的时候，每次出去拜访客户，总会为客户推销各式各样的基金产品。尽管他工作很努力，不厌其烦地一遍又一遍为客户讲解产品，结果总是铩羽而归，以推销失败告终。

后来，小马冷静下来从中思考：究竟是什么原因导致自己接连失败，为什么客户总是不能接受自己的产品？在确定所推销的产品没有问题后，小马认为主要是自己做得还不够好，没有能够让客户喜欢和接纳自己，导致客户拒绝接受自己的产品。

为此，小马开始进行自我反思，努力找出自己的缺点，并一一记录下来，决心予以改正。为了避免当局者迷，小马还邀请自己的朋友和同事定期聚会，一起来帮自己找不足、讨论克服不足的方法，以便自己改进。

在第一次聚会的时候，朋友和同事给小马提出了很多意见，比如：性情急躁，沉不住气；专业知识不扎实，应该继续学习；待人处事总是从自己的利益出发，没有为对方考虑；做事粗心大意，脾气火爆；常常自以为是，不听别人的劝告，等等。

小马在听到这样的评论时不禁汗颜：原来自己有这么多的毛病啊，怪不得客户不喜欢自己！于是，小马痛下决心，立志改正。此后，小马把这样的聚会坚持办了下来，他听到的批评和意见越来越少；与此同时，在基金销售方面，小马签的单子越来越多，并且受到了越来越多客户的欢迎。

销售员小马的经历正如最伟大的推销员乔·吉拉德所说：“推销的要点是，你不是在推销商品，而是在推销你自己。”

的确，销售活动是由销售人员、客户以及商品三方面要素共同构成的。客户要购买商品，而销售人员是连接客户和商品的桥梁，通过销售人员的介绍，使客户得到更多关于商品的信息，从而作出判断，决定买还是不买。

在这个判断过程中，虽然客户是冲着商品而来，但是客户最先接触到的却是销售人员。如果销售人员彬彬有礼、态度真诚、服务周到，客户就会对其产生好感，进而很有可能接受其推销的产品；相反，如果销售人员对客户态度冷淡、爱理不理、服务不到位，客户就会很生气、很厌恶，这种情况下，即使销售员推销的产品质量很好，客户也可能会排斥。

因此，销售工作强调的一个基本原则是：推销产品前，首先要推销你自己。所谓对客户推销你自己，就是让他们喜欢你、信任你、尊重你并且愿意接受你，换句话说，就是要让你的客户对你产生好感。很多时候，销售人员就像是一件又一件的商品，有的相貌端正、彬彬有礼、态度真诚、服务周到，是人见人爱的抢手商品，所有的客户都会喜欢；有的却衣衫不整、粗俗鲁莽、傲慢冷淡、懒懒散散，会令客户讨厌，甚至避而远之。

实际上，销售与购买其实是销售人员与客户之间的一种交往活动。既然是交往，只有彼此之间产生好感，相互接受，才能够继续发展下去，并建立起比较稳定的关系。客户首先接受了销售人员，才会接受其产品。

所以，让客户接受自己，是销售人员的首要任务。实际上，先卖自己再卖产品是一个思维方向，正如产品在销售时总伴随一定价值那样，要把自己成功地“卖”出去，销售员需要具备被“卖”的价值，也就是说，销售员的价值恰恰是客户所需要的。

销售员在具备被卖的价值的基础上还必须审时度势，进一步摸清对方的情况。这是因为，能否成功地把自己“卖”给客户，还与客户当时的心情有很大关系。如果客户心情很好，那么你口若悬河的讲解可能会获得客户的赏识；如果客户当时的心情很糟糕，你却自顾自地讲个不停，那么在客户可能会觉得你太絮絮叨叨，甚至对你产生反感。所以，销售员在推销自己之前，必须学会察言观色，把握火候，在合适的时机进行自我推销。

销售员具备哪些条件，才算是具有了被“卖”的价值呢？通常来说，销售员要有足够的专业知识，要对所在的企业、行业、市场以及所销售的产品有全面深刻的了解，具备当老师和专家的能力。如果销售员在客户面前，在被问到专业问题时一问三不知，显然销售员自身所具备的价值就会大打折扣。

其次，销售员要有得体的外在形象，并时刻注意自己的言行举止，在客户面前展现出衣着得体、举止文雅、谈吐不俗、清爽干练、成熟稳重的形象，这样客户在看到你时，无意中也会对你所销售的产品产生一些好感。

再次，销售员要有良好的内在涵养，做到“内外兼修”，用自己的人格魅力赢得客户的尊重与好感。此外，销售员还需要具备其他相关的能力，如沟通能力、协调能力、谈判能力、管理能力等。

最后需要注意的是，销售人员在与客户打交道的过程中要清楚自己首先是“人”，然后才是销售人员。一个人的个人品质会使客户产生不同程度的心理反应，这种反应潜在地影响了销售的成败。所以说，优秀的产品只有在一个优秀的销售人员手中，才能赢得市场的长久青睐。

最重要的品牌就是你自己

小郑是一家中小型公司的业务员，他所在的公司主要做陶瓷马赛克拼图业务。有一次，小郑得知一家娱乐中心准备装饰游泳池，需要做三千多平方米的泳池拼图，图案包括游动的海豚等，总货款是36万多元。

于是，小郑在通过电话与那家娱乐中心的采购部沟通后，便衣着整洁、精神焕发地前去拜访。在到达那家娱乐中心时，小郑发现已经有多位同行业的业务员在排队等候了。看来，同行内的其他竞争对手也在争取这笔订单。

小郑发现，这些同行对手中不乏一些规模、品牌均比自己所在公司要大的陶瓷马赛克厂。小郑想，要想在众多竞争对手中取胜，就得用心做好每一个步骤，万万不可粗心大意。

同时，也可以看出娱乐中心可能是有意让多家供应商前来比价，这样便于自己从中挑选出能够提供物美价廉产品的供应商。这些陶瓷马赛克供应商的业务员们在娱乐中心采购负责人的办公室前等候，依次进去交谈。

小郑注意到，那些来自大品牌公司的业务员在客户面前常摆出一副居高临下的样子，或许这也是大企业向外展示自己实力的一种策略。这让小郑在脑际闪过一个念头：竞争对手依恃其公司品牌大，我何不打造自身的品牌！

当轮到小郑进去同娱乐中心采购负责人交谈时，小郑先是有礼貌地寒暄问候，然后双手递上名片自我介绍，接着说："我们公司规模虽小些，但专注于陶瓷马赛克拼图，产品材料也都是引进优质的陶瓷马赛克散粒，施工中全部手工拼图，已服务过多位客户的室内外装饰业务。"小郑一边说，一边从自己拎的公司专用袋中拿出样品给客户看。

同时，小郑还拿出多个装修效果图，结合娱乐中心打算装修的游泳池尺寸特点进行了详细讲解，并当场得体地解答了客户关于质量、价格等方面的问题。

最后，娱乐中心的采购负责人让各位供应商的业务员先回去，等候消息。第二天，小郑接到娱乐中心采购负责人的电话，被告知他所在的公司获得了订单。在电话里，娱乐中心采购负责人赞赏地对小郑说：“你的专业度与责任心深深地打动了我们。作为客户这一方，我们固然关注产品及供应商的品牌，但更关注人的品牌。你的良好职业素养，向我们传递了贵公司良好的形象，毕竟产品都是人做的，我们相信，人品好，产品一定有保障！”

在当今销售行业，普遍盛行“品牌”的概念，比如公司品牌、产品品牌等，那么在见到具体的客户时，究竟什么才是最重要的品牌呢？我们需要明白的是，客户都是具体的人，对客户来说，自己感受最直接和深刻的，就是站在自己面前的人所具备的品牌效应。

那么，什么是个人品牌呢？它通常指以自己的人格魅力作为影响的支点，所产生的对于特定的生活圈具有深刻作用的个人财富。很多时候，这种“个人财富”甚至可以使个人所在的集体受益。上述案例中，小郑在客户面前展示出的个人品牌效应就使小郑所在的公司赢得了订单。

在塑造个人品牌的问题上，我们需要强调的一点是，让客户清楚地记得你。要做到这一点，销售员可以适当塑造自己的视觉形象，进而向客户传递自己的素养、职业、习性、风格等要素。

此外，我们还需要足够的智慧去塑造个人品牌。在与客户交往时，销售员对客户要真诚、耐心、细心，努力站到客户的角度去考虑问题、解决问题，尽力满足客户的正当需求，将客户当作朋友，用自己开朗、热情的性格去感染客户。

再者，我们还要清晰地认识到，个人品牌是会随着时间而变化的。要确保个人品牌永不褪色，就要树立终身学习的观念，努力让自己向着品行完美的方向发展，使自己在客户心目中形成一个响亮的品牌。

总之，在销售中，你需要明确的是：最重要的品牌就是你自己，你所卖的产品，你所在的公司，都会因为你个人的品牌效应而绽放光彩！

网络时代的360°营销

小吴是一位大二女生，平时课余喜欢做些销售类的业务。她发现身边的不少女生包括她自己经常贴面膜来美白面部肌肤，于是决定销售面膜。

小吴在和一家面膜厂商谈好合作后，便开始代理面膜产品。由于小吴平时还要上课，不便经常外出推销，于是，小吴选择了在微信中销售面膜。刚开始的时候，小吴只是简单地在自己的微信朋友圈中上传面膜产品，结果代理了一个月，别说有成交的了，就连问都没人来问。

焦急中的小吴看了些销售方面的书籍，知道了卖产品要先自我推销、做好销售服务等理念和技巧，便开始在自己的微信中进行“理论和实践相结合”了。

小吴先是花时间集中编辑了自己的头像、个性签名、昵称和产品封面。在微信头像方面，小吴选了自己一张看上去很清纯的大头照；微信昵称里包含了自己所销售面膜的品牌名称；在个性签名中，小吴列举了产品美白、补水、祛痘等功效，在发布产品信息时，选择自己使用面膜的真人实图，以突出产品的功效。

在微信上做销售，要多加微信好友，以增加潜在顾客的“蓄水量”。在这方面，小吴首先分析了所售产品的精准人群，然后定位以25～35岁的女性为主，考虑到这部分人群爱美、时尚，年龄大些的可能已经有家庭了，所以，小吴重点加了一些美容护肤群、宠物群、妈妈群等QQ群，然后在这些QQ群里添加好友，进而在微信的“添加QQ好友”中添加那些QQ好友的微信。

在有了批量微信好友后，小吴先是时不时地分享些美容护肤方面的经典文章，常关注微信好友在朋友圈中的动态，并予以点赞、评论、发消息等。在做好这些事情的基础上，小吴开始偶尔发些产品讯息和图片，久而久之，由于小吴和微信好友保持了一段时间的联络与沟通，在准客户心里建立起了信任感，因此，便逐渐有准客户向小吴咨询购买面膜。小吴的销量从零开始，节节攀升，最终越做越大。

为了积累老客户，小吴在面膜卖出去后，都会及时地询问客户效果使用得怎么样、有什么需要后续帮助的等，与客户搭建起了长期信任的关系，小吴的面膜生意也是越做越好。

在上述案例中，我们要强调的是，在互联网时代，销售员不仅要掌握常规的自我推销方法，还要掌握在网络中推销自己的方法。小吴在微信中成功地推销出了自己，打开了销售局面，便是一种在网络中推销自己的做法。当然，我们在这里并不专门讲微信中的自我营销，后面的章节中对微信自我营销会进行专门论述。

在当今互联网时代，像小吴那样借助网络渠道来营销自己的做法，正在被很多销售员所采用。比如说，有的销售员建一个自己的博客，通过博客来塑造自己的良好形象；还有的销售员在百度、搜狗、360等网站中建一个自己的百科词条，当顾客在搜索引擎中搜索自己的名字时，可以出现关于自己的百科词条，这显然有助于提升自己在顾客心目中的权威性；还有的销售员建一个个人网站，在网站上宣传自己以及自己所从事的业务，进而扩大自己的影响力，等等。

可以说，在互联网时代，销售员具备一种立体化的互联网思维很重要。这是因为，互联网时代给我们提供了一种可能，那就是：即使客户没有见到你本人，但是通过在多个网络平台上看到关于你的正面信息，有助于树立起对你的信任感，甚至会使准顾客决定从你那里购买产品。

互联网时代的到来也促进了电子商务的普及。我们平时所说的广义的销售概念也正在越来越多地融入电子商务。现在，越来越多企业的大部分销售收入都来自于电子商务。对于从事销售工作的朋友来说，当前及未来如果不懂互联网思维、不懂电子商务，显然会很难胜任所承担的销售工作。因此，销售员需要积极利用互联网，塑造自己的良好品牌，从而促进销售。

由于互联网涉及线上和线下，这就要求销售员同时做到懂互联网、懂电子商务、具备扎实的销售基本功，并需要销售员的自我推销之路要走向线上线下360° 立体化发展的道路，以塑造和维持自己的良好品牌形象。

具备自我推销的意识很重要

1929年乔·吉拉德出生于美国一个贫民窟，他从懂事时起就开始擦皮鞋、做报童，然后做过洗碗工、送货员、电炉装配工和住宅建筑承包商等。在35岁以前，他只能算个全盘的失败者，患有严重的口吃，换过40个工作仍然一事无成，再往后他便开始步入推销生涯。

然而，谁能想象得到，这样一个不被看好而且背了一身债务几乎走投无路的人，竟然能够在短短三年内被吉尼斯世界纪录称为“世界上最伟大的推销员”。他至今还保持着销售昂贵商品的空前纪录——平均每天卖出六辆汽车！他一直被欧美商界称为“能向任何人推销出任何产品”的传奇人物。

乔·吉拉德的成功自然有他独特的方法，其中一个很重要的方面，就是具备强烈的自我推销意识。我们不妨先看下乔·吉拉德是怎样通过名片来推销自己的。

乔·吉拉德有一个习惯：只要碰到一个人，他马上会把名片递过去，不管是在街上还是在商店。他认为生意的机会遍布于每一个细节，而每一个细节都有可能使你获取订单，或者失去订单。

“给你个选择：你可以留着这张名片，也可以扔掉它。如果留下，你知道我是干什么的、卖什么的，细节全部掌握。”乔·吉拉德在递给别人名片时，总会这样不厌其烦地解释。

乔·吉拉德认为，推销要点不是推销产品，而是推销你自己。对此，他说：“如果你给别人名片时想，这是很愚蠢、很尴尬的事，那怎么能给出去呢？”

在乔·吉拉德看来，那些举动显得似乎很愚蠢的人，往往正是那些成功和有钱的人。因此，他会到处使用名片，到处留下他的味道、他的痕迹；在收到乔·吉拉德名片的人中，总会有人按照乔·吉拉德名片上的地址，走进他的办公室，洽谈购车事宜，而且有些订单也就是这样产生的。

乔·吉拉德用名片进行自我推销，可谓不放过任何场合。在去餐厅吃饭时，他给服务员的小费每次都比别人多一点点，同时还主动放上自己的两张名片。由于乔·吉拉德给服务员的小费比别人给得多，所以大家就想看看这个人是做什么的，想知道这个人是怎样获取“成功”的。久而久之，谈论他的人越来越多，想认识他的人也越来越多，有些人还根据名片来向乔·吉拉德购买产品，经年累月，乔·吉拉德在销售方面的成就越来越大。

乔·吉拉德在看体育比赛的时候，也会找准机会推销自己。比如说，每当在体育比赛的一个关键时刻，人们欢呼雀跃的时候，乔·吉拉德就把名片雪片般地撒出去；人们还没意识到这是怎么回事，但看到有卡片从空中抛撒，就伸手去接，拿在手里一看，名片上赫然写着乔·吉拉德的名字。通过这样的自我推销，乔·吉拉德瞬间给人们留下了深刻的印象。

后来，久负盛名的乔·吉拉德应邀到很多国家和地区进行销售演讲，即便如此，乔·吉拉德仍没有忘记自我推销，因为在乔·吉拉德演讲开始之前，工作人员就已经将他的名片摆放在每一张椅子上；乔·吉拉德似乎还嫌不过瘾，在演讲过程中，会不时将名片一把一把地往人群中抛撒，引来观众的欢呼声。

正如乔·吉拉德所认为的那样，销售员一定要具备强烈的自我推销意识，这有助于带来更好的销售业绩。相反，有的销售员回到家里，甚至连妻子都不知道他是卖什么的，这种情况下，又怎能积累起海量的潜在顾客呢？

实际上，要培养起强烈的自我推销意识，需要明确一个理念，那就是“把自己作为商品”。由于商品是有质有量的，是有价值的，商品的价值是通过交换，即通过买卖来实现的。当然，推销自己并不是出卖良知与理性，更不是出卖良心，主要是能否让顾客愿意接受你的销售服务。

我们在明白了这个理念后就要意识到，我们的服务既然也是一种商品，那么就不能由我们自己来品评好与坏，而是要由消费者来给我们的服务定价；既然是商品，就不能只考虑自己的感受，更要对消费者负责任。所以，我们要具备积极服务于他人的意识，这就使得我们有了“使用价值”，使我们的服务成为受到大家欢迎的商品，进而有助于销售工作的开展。

其实，把自己的服务尤其是自己，调整到“商品”的概念，是一个心态的巨大转变。只有实现了这个转变，才能使自我推销潜移默化为一种习惯性的延伸，才能真正实现“我为人人，人人为我”。如此，我们的客户群就会越来越庞大。

推销自己的三部曲

世界上最伟大的推销员乔·吉拉德曾总结了推销自己的三部曲，正是基于这种推销理念，乔·吉拉德以零售的方式，在12年的销售生涯中共推销出去13000辆汽车，平均每天销售6辆，一个月最多销售出174辆，一年最多销售了1425辆，乔·吉拉德创造的销售纪录至今无人能破。

乔·吉拉德总结的推销自己的三部曲是：

第一步，成功地把自己推销给自己。

第二步，成功地把自己推销给别人。

第三步，成功地把产品推销给别人。

我们接下来看看这三部曲具体是怎样做到的。

1. 怎样把自己推销给自己

所有成功的销售员，都是先推销自己。在你能成功地把产品推销给顾客之前，你必须把自己先推销给别人；而要想成功地把自己推销给别人，则先必须百分之百地把自己推销给自己。

为此，要喜欢自己、相信自己，彻底认清自我价值，相信“世界上没有任何一个人和我一模一样”，坚信“天生我材必有用”。在此基础上，我们要遵循以下原则：

（1）经常用积极的语言给自己打气，比如牢记“相信你自己”“如果你觉得你能你就能”“做你自己的主宰”等。

（2）结交有信心的人。平时要远离消极、懦怯的人，靠近富有正能量的人，要知道“信心产生信心”，而消极的情绪则会瓦解信心。

（3）使你的信心发挥最大的功效。假如你的信心得以长期保持，那么信心就会一直支撑你有效率地工作下去。

（4）保持忙碌。一个人的信心必须落实到具体的事情，为某种目标持续努力与忙碌起来，恐惧和自我疑惑就会消散和远离。

（5）无论何时，都要坚定自信，相信自己是唯一的、不可替代的，相信自己能为人们做很多有益的事情。通过强化这种心理暗示，你一定能够成功地把自己推销给自己。

2. 怎样把自己推销给别人

我们卖出去的每件产品都会有买主，要把自己推销出去也不例外。所以你要先站在买主的角度，问自己："有人愿意买你吗？"

为了要成功地推销自己，你必须使自己成为大家最想要的样子，要让大家和你有相同的看法，让别人喜欢你、敬爱你。为此，你要注意以下几点：

（1）注重外表形象，做到衣着整洁、仪表端正、文明礼貌、服务热情。

（2）学会微笑，微笑是一张推销自己的最好的名片。微笑可以改变气氛、振作精神；对销售员来说，有时候微笑真的能带来一笔大的交易。

有一次，在底特律举办的一个汽艇展示会上，一位来自某中东产油国的富翁停在一艘陈列的大船前，对一位销售员说："我要买价值2000万美元的豪华轮船。"这位销售员上下打量了一眼这位其貌不扬的"富翁"，觉得对方可能在开玩笑，便态度冷淡地敷衍了几句，并未当真。

于是，富翁来到另一位销售员面前说了同样的话，那位销售员微笑地说"没问题"，并为富翁展示了同系列产品。这位销售员这样做的同时，还把世界上最伟大的产品——他自己也推销出去了。最后，富翁当场支付了部分订金，第二天又送来一张2000万美元的支票。这时，原先那位态度冷淡的销售员眼看着可能到手的订单飞到别人那里，甚是懊悔。

当然，谈成一笔交易，绝不仅仅是只有微笑就够了，但我们要说的是，微笑一定不可或缺，否则，你很可能会丧失一个潜在顾客。

（3）学会倾听。对于销售员来说，倾听是了解客户需求的基本功，懂得倾听的人才能更好地推销自己。

（4）强化记忆。销售人员要具备一定的记忆能力。一个销售员最令人悲哀的一句话是“我忘了……”，这会使你的销售工作触礁。有时，只是记得一个人的名字，就可能为你敞开一道门，使人马上站到你这边，给你一个有利的形势；相反，忘掉了那个名字，就会关了那道门，并把你隔离在外。同样，忘记了跟别人约好的时间、地点，也会使你失去成交的机会。为此，销售人员要具备一定的记忆能力。

（5）说真话，这是获得别人信任和尊敬的唯一方法。在实际工作中，一个说谎话的销售员，很快就会发现自己没有前途、没有顾客，同时也没有了工作。不论对假意的奉承还是骗人的借口，人们是不会为其留有余地的。你可以凭着你优雅的风度、较高的社会地位、仁慈的行为、丰富的知识和经历等去赢得别人的尊敬。但是，只要你讲的一个谎话被拆穿，你所有的优点马上会被一扫而光。

所以，要牢记：只有说真话才能获得客户的信任，而客户的信任是推销员生存的基本条件。

（6）把持自我。任何时候，可以推销自己，但决不要出卖自己，更不要出卖别人。时间会证明：出卖自己的人虽然会获得一时的好处，但最终获得胜利的，是那些守得住原则、能把持自我的人。

能够做到上述要点的话，你就能很好地把自己推销给别人，然后，你的产品也就很容易让人接受了。

3. 怎样把产品推销给别人

这需要销售员具有过硬的产品知识、业务知识、工作方法和技能技巧。其中，在把自己推销给别人的时候，就要想办法把自己和要推销的产品相联系，这样你就得把自己当成最好的顾客，让你的销售对象知道你是多么热爱这一产品。要使自己处在顾客的位置，让顾客觉得你在为他着想。

这样的话，你就能很好地与顾客相接触，使他们对你和你要推销的产品有兴趣、有信心。要成功地实现把产品推销给别人，需要了解推销工作的七个步骤：

（1）寻找对象，即确定潜在顾客。

（2）了解状况，即了解人们真正需要什么，以及他们付款的能力。

（3）展示产品，即展示产品的最大优点，使得人们想要拥有它。

（4）说明产品，与上一个步骤近似但又不同，此刻你要操作产品的性能，明白地显示它"是"什么，并进一步创造购买欲。

（5）回答诘难，即克服任何阻碍购买的因素或问题。

（6）讲定签约，这是争取订单的时刻。

（7）继续跟进，使顾客永远在你的服务范围内。销售的本质是服务，要持续地做好销售服务。

总之，能用心揣摩与做好推销自己的三部曲，一定会让你的销售工作更加有章可循，让你的销售业绩节节高升！

古人为了卖自己也是蛮拼地

懂得“卖”自己、把自己成功地推销出去，可谓贯穿一个人生命的始终。不仅销售人员要懂得自我推销，其他各行各业的人无不需要或正在做着自我推销，比如交友、择偶、求职、升迁等。在这方面，我们不妨汲取古人的推销智慧，这里，我们主要列举几个通过成功的自我推销实现人生抱负或达到预期推销目的的故事。

伊尹是商汤的一个厨师，曾是奴隶身份。他自幼聪颖好学，满腹才华，但却苦于无用武之地。为了引起商汤的注意，伊尹决定在饭菜上做文章，他有时把饭菜做得美味可口，有时却故意做得咸淡不均。

商汤吃过几次伊尹做的饭菜后，对饭菜味道的时常变化很纳闷，就把伊尹找来问是怎么回事。

伊尹回答说：做菜不能太咸，也不能太淡，只有把佐料放得恰到好处，吃起来才有味道，治理国家也一样，既不能操之过急，也不能松弛懈怠。只有把握好分寸和时机，才能把事情做好，国家才会兴旺。

这几句话在求才若渴的商汤听来，简直是说到了他的心窝里，没想到一个厨房里的奴隶竟是如此人才！商汤大喜过望，当即解除了伊尹的奴隶身份，任命他为右相。后来，伊尹帮助商汤推翻了夏朝最后一个帝王桀的统治，消灭了夏朝，建立了商朝。伊尹为商朝理政安民60余载，当了三朝元老，由于治国有方，后世称之为贤相。

在这个故事里，伊尹自身有能力，这是基础，但是如果没有自荐、自我推销（如向商汤讲解饭菜味道来表露自己的治国才华）的手段，怕是要埋没一辈子了。在当今社会，并不缺乏一些有才华的人，但如何在人前展露自己的才华，进而使自己的才华得以展现，表现为价值，却并不是人人能做到的。

当然，有才华的人与赏识自己的人之间，最终应是双赢的关系。就像上面的故事，伊尹获得提拔和重用，使自己的才华有了更大的用武之地，但同时，商汤也通过整合众人的才智，得以壮大商朝的事业。尽管如此，正像唐朝大文人韩愈在其名篇《马说》中所言："千里马常有，而伯乐不常有。"作为个体，哪怕本事再大，也要想办法让自己的才华显露给"伯乐"，即把自己成功地推销给"伯乐"，从而使自身价值获得更大的发挥。

我们再来看看另一位古人是如何通过推销自己，达到推销自己"产品"的目的的。"前不见古人，后不见来者。念天地之悠悠，独怆然而涕下"的诗作者是陈子昂。今天的我们常为其诗词意境之深厚而感叹，然而1400多年前，在诗词盛行的唐朝，当陈子昂离开故乡四川、刚步入唐朝的首都长安时，不过是普通书生一个，每天在长安的街市上摆摊，向别人推荐自己的诗词作品，可是并没几个人理会他，那些达官贵人对这个毫不起眼的书生显然一点兴趣也没有。所以，陈子昂的"生意"冷清得很。幸好陈子昂是一个在困难面前积极开动脑筋的人，他决意要想些新的办法来推销自己的诗词。

有一天，陈子昂看到街上有个老人在卖琴，老人自称这是上好的古琴，因此卖价也相当的高，吸引了不少围观者；由于当时音乐之风盛行，所以围观者中不乏一些达官贵人。人们都认为老人的琴开价太高而议论纷纷。

这时，陈子昂心生一计，他排开众人，走了过去，用尽自己所有的银子，高价把琴买了下来，并且当众说："此琴乃是琴中极品，恰好小弟有家传绝学，弹得一手好琴，配上这个古琴，正好可以弹出绝美的琴音。我决定明天的这个时辰，在此地施展绝学，供大家鉴赏！"

陈子昂这番话引起了众人的兴趣，并且一传十、十传百地传遍了整个长安城。第二天，很多有头有脸的达官贵人也都前来听他的"绝美琴音"，普通百姓更是围了一圈又一圈，可谓人山人海。等到人都来得差不多了，陈子昂抱起古琴来到众人面前，大家都以为陈子昂接下来要弹琴了。

不料，陈子昂手捧古琴，欲弹又止，忽地站起，激愤地说道：“我虽无二谢之才，但也有屈原、贾谊之志，自蜀入京，携诗文百轴，四处求告，竟无人赏识，此种乐器本低贱乐工所用，吾辈岂能弹之！”说罢，用力一摔，千金之琴顿时粉碎。还未等众人回过神来，他已捧出诗文，分赠众人。众人皆为其举动所惊，再见其诗作工巧，文采非凡，于是争相传看，一日之内，陈子昂就名满京城了。

其实，在现实生活中，有些销售员觉得自己所推销的产品的确很好，可顾客仿佛并不买账，在这时，我们的销售员可能也会有陈子昂不为人知时的郁闷。然而，陈子昂在困难面前并没有退缩，而是积极想办法化解，甚至通过一些投入来获得预期的效果。对我们来说，很多时候，为了成功地推销自己，达到销售的战略目标，又何尝不需要魄力与胆识?

所以，当我们在推销自己的过程中，遇到了困难要多冷静下来考虑化解困局的办法，向古人学习卓越的智慧，向身边的同事和朋友学习，向优秀的书籍学习!

自信才能产生他信

自信是销售的前提

不要受缚于自己的缺陷

坚信你卖的产品是最适合顾客的

做销售就不要自卑

自信是可以包装出来的

信心根植于充分的准备

永不绝望，永不放弃

自信是销售的前提

乔·吉拉德35岁时，由于之前做生意失败了，他负债累累，家里一点积蓄也没有了，更别提养活家人了。乔·吉拉德认真地审视了自己的过去，他坚信，只要自信还在，自己一定可以东山再起，甚至迎来更加辉煌的人生。

穷困潦倒的乔·吉拉德拜访了底特律一家汽车经销商，要求得到一份销售的工作。很多时候，一个人经济处境上的困窘会表现在一个人衣着、精神状态、言谈举止等方面。这家汽车经销商的经理见一个略显落魄而又其貌不扬的大龄男子前来求职，就没打算留下他。

这时，乔·吉拉德说：“经理先生，假如您不雇用我，您将犯下一生中最大的错误！我不要有暖气的房间，我只要一张桌子，一部电话，两个月内我将打破您这里最佳销售人员的纪录。”于是，乔·吉拉德成为这家汽车经销商的销售员。

经过艰辛的努力，在两个月内，乔·吉拉德凭着重拾的自信，真正做到了自己的承诺，而且打破了该公司以往的销售业绩纪录。

可以说，销售人员最基本的素质就是自信。客户通常较喜欢与才能出众者交往，他们不希望与毫无自信的销售人员打交道，因为同自信的人交往几乎是人类的一个天性，客户当然更不例外。

从乔·吉拉德身上，我们可以看出，销售人员只有对自己充满信心，对自己所在公司和所销售的产品信心十足，才会在销售工作中积极地争取、执着地奋斗、勇敢地面对，充满无尽的激情和动力。

当你和客户会谈时，言谈举止若能流露出充分的自信，则会赢得客户的信任，而信任是客户购买你的商品的关键因素。在导致一个销售人员失败的消极态度中，罪魁祸首就是他先对自己失去了信心，认为自己无法将商品售出。

相反，自信则可以为你的商品增色许多。对于客户而言，自信比你的商品还要重要。自信的销售人员面对失败仍然会面带微笑，“没关系，下次再来”。他们在失败面前仍会很轻松，从而能够客观地反省失败的销售过程，找出失败的真正原因，为重新赢得客户的青睐而创造机会。

推销界非常看重信念与意志，销售人员当中的绝大部分人平时大多担负着较高的工作定额，以至于他们不得不把全部精力投入到紧张的销售活动中去。因为只有在销售领域获胜，才会给企业带来繁荣。随着企业对销售的认识日益深入，如今，越来越多的人认识到信念的重要性。就销售人员的信念来说，最主要的一点就是对销售的强烈追求而形成的信念。

基于这种信念，会使销售人员自然而然地产生一种强烈的欲望：我要去工作！这种内心萌发的对于工作的渴望，正是信念的奇妙效用。同时，信念又能够增强自信，支持你走过漫长的销售生涯，直至最后取得成功。

总之，自信是积极向上的产物，也是一种积极向上的力量。自信是销售人员所必须具备的，也是最不可缺少的一种气质。那么如何才能表现出你的自信呢？

（1）你必须衣着整齐，挺胸昂首，笑容可掬，礼貌周到，对任何人都亲切有礼，细心应付。这样，就容易使客户对你产生好感，你的自信也会自然而然地流露于外表。

（2）面对客户的无礼拒绝，销售人员更要坚定信心。销售人员经常是非常热情地敲开客户家的门，却遭到客户的冷言冷语甚至无理侮辱。这时你一定要沉住气，千万不要流露出不满的言行。要知道，客户与你接触时，并不会在意自己的言行是否得体，反而总是在意你的言谈举止。客户一旦发现你信心不足甚至丑态百出，则对你的商品更不会有什么好感了。即使他认为你的商品质地优良，也会得寸进尺，见你急于出手，便乘机使劲压价。客户这样做，就是因为你失去了自信。

（3）要对自信善加把握。自信既是销售人员必备的气质和态度，也可说是能倍增销售额的一个妙计，因为自信也要把握分寸，不足便显得怯懦，过分又显得骄傲。

当自信使你的推销变成一种享受，你就更不会讨厌它了。想一想就会明白，不自信的销售人员一定会把推销当作是遭罪，当作是到处求人的令人厌烦的工作。然而自信却能使你把推销当作愉快的生活本身，既不烦躁，也不厌恶，这是因为你会在自信的推销中对自己更加满意、更加欣赏自己。如果你对自己和自己的商品充满了自信，你自然就会拥有一股不达目的誓不罢休的气势。

不要受缚于自己的缺陷

一个人销售生涯中的最大障碍不是价格，不是竞争，也不是客户的抗拒，而是销售人员自身的缺陷。通常情况下，面对销售人员，客户常常怀有戒备之心，力求从各个角度证实自己的购买会物有所值，然后才会做出购买行为。客户会通过与销售员的交谈，以及对环境和销售员的言行举止的观察，来判断自己是否应做出购买决定。销售员只有赢得客户的信任，才可能促成客户购买。

作为销售人员，怕见客户肯定是不行的。刚进入销售行业的销售员有可能因自身的缺陷或弱势遇到一些障碍。总的来说，引发销售员心理缺陷的原因可以归纳为以下六类，分别是：

1. 知识障碍

知识障碍，即缺乏对产品有关知识的深度掌握。产品知识是销售谈判的基础，在与客户的沟通中，客户很可能会提及几个专业问题和有关服务流程问题。如果销售员不能给予恰当的答复，甚至一问三不知，无疑是给客户的购买热情浇冷水。

化解办法：苦学产品知识，付出比别人更多的时间，相信你一定可以克服知识结构上的不足。

2. 心态障碍

心态障碍，即对销售职业及客户服务的不正确认知。有些销售员轻视销售职业，认为这个职业地位不高，从事这个行业实属无奈，感觉很委屈，总是不能热情饱满地面对客户，因此也无法调动客户的购买热情。

化解办法是：正确认识自己和销售职业，为自己确立正确的人生目标和职业生涯发展规划。销售是一个富有挑战性的职业，需要不断地为自己树立目标，并通过努力，不断地实现目标，从中获得成就感。销售是一个需要广泛知识的职业，只有具备丰富的产品知识、销售专业知识、社会知识等，才能准确把握市场脉搏。

3. 心理障碍

心理障碍，即对不好结果的担忧、惧怕或不愿采取行动。销售需要努力缩短与客户的距离，通过建立良好的关系，消除客户的疑虑。如果不能与客户主动沟通，势必丧失成功销售的机会。

化解办法：增强自信，自我激励。也可以换个角度来考虑问题：销售的目的是为了自我价值的实现，基础是满足客户需要、为客户带来利益和价值。即使被客户拒绝也没关系，如果客户的确不需要，当然有拒绝的权利；如果客户需要却不愿购买，那就正好利用这个机会了解客户不买的原因，这对以后的销售来说，也是很有价值的信息。

4. 习惯障碍

习惯障碍，即以往积累的不利于职业发展的行为习惯。销售人员与客户的沟通进程是客户进行品牌体验的关键环节，也是消费者情感体验的一部分。客户需要深层次了解产品情况，以作为决策的依据。销售员对产品的具体讲解和态度，对客户的决策有很大影响。销售人员的行为举止将影响客户对企业和品牌的认知，是产品销售和品牌展示的关键。

不良的习惯也是不能促成客户签单的首要原因之一。有些销售员习惯于生硬的语言和态度，使客户觉得不被尊重；有些销售员不会微笑或习惯以貌取人，凭自己的直觉判断将客户归类，并采取不当的言行。这些做法会造成不良的口碑传播和潜在的客户损失。

化解办法：保持积极的态度、尊重客户、做好客户记录和客户分析，发现、总结和改变自己的不良习惯，使客户乐于和你沟通。

5. 环境障碍

环境障碍，即容易受周围的人或事的影响。由于缺乏对销售职业的正确理解和认识，趋向于机械地模仿其他同事的工作形式和作风，忘记了自己在销售中的主体性。比如，有些初入行的销售员，初到公司时热情高涨，但后来受个别有不良习惯的老销售员的影响，工作也变得散漫，不能严格要求自己；还有些销售员无法融入团队，与团队的距离感也不利于个人发展。

化解办法：辨别是非，尊重同事，以开放的心态建立良好的人际关系。以那些业绩突出的优秀销售员为榜样，积极学习他们的优点和经验。

6. 技巧障碍

技巧障碍，即对整个销售流程不熟悉，对客户购买进程的掌握不够精准与熟练。由于一些新销售人员对产品的介绍缺乏清晰的思路和办法，不能言及重点，无法把产品的利益点准确传达给客户；缺乏对顾客心理和购买动机的正确判断，不能准确捕捉客户购买的信号，因此往往错失成交的良机；或者是急功近利，缺乏客户管理手段，不能与有意向的客户建立良好的关系。

化解办法：充分了解客户的需求，寻找产品和品牌价值能够给客户带来的利益点；理清客户关心的利益点和沟通思路；多向同事和上级请教经验，了解客户成交的信号和应采取的相应措施；学会时间管理，进行客户分类，将更多的时间投入更有成交可能的客户；如果不能准确把握客户的购买心理和动机，就将与客户的沟通进程告诉你的上司，请其协助判断。

坚信你卖的产品是最适合顾客的

乔·吉拉德销售的是雪佛兰牌汽车，他很清楚还有比雪佛兰牌更好的汽车。实际上，乔·吉拉德在获得优秀的销售业绩的同时，也赚取了丰厚的佣金，生活质量大大改善，他早已能够买得起其他任何牌子的轿车，然而，他却坚持开雪佛兰牌轿车。

对此，很多人不解：开更好的车，不是更适合自己的财富状况吗？乔·吉拉德解释说：“你必须相信你的产品是同类中最好的。我发现许多雪佛兰经销商坐着卡迪拉克和梅塞德斯·奔驰去上下班，每当我看到他们这样做，我就觉得痛心。要是我销售雪佛兰，却开其他牌子的车，我的客户见了就会想，乔·吉拉德是不是不屑于坐他自己销售的车呢？在我看来，向客户传达这样的信息真是愚蠢至极。”

的确，正如乔·吉拉德所言，销售员销售的产品或许其本人在生活中也需要，很可能自己就是自己的顾客。这个时候，如果在自己需要同类产品时都不去使用自己销售的产品，又怎能说服其他顾客自己销售的产品是最适合他们的呢？因此，坚信自己卖的产品是最适合顾客的，首先要从自身做起。

在此基础上，销售员必须热爱自己所在的公司，热爱自己所销售的产品。难以想象，不热爱自己公司的销售员怎能把自己看作公司的主人，又怎能全身心地扑在工作上，并维护公司的利益呢？同样，不热爱自己产品的销售人员也永远做不好销售业务。

因此，在销售过程中，销售人员不仅要有自信，更要相信自己所服务的公司。销售人员对公司的正确态度是：相信自己工作的公司是产业中最好的公司。如果销售人员认为自己的公司在同行中并不出色，说明销售人员并不喜欢自己的公司。

并非所有的业务人员都能进入行业中排名第一的公司，销售人员告诉自己所工作的公司是最好的，实际上是在给自己学习销售技巧的机会和成长的空间。所以说，如果你选择了一家企业，选择了他们生产的优质产品，就一定要对公司、对产品满怀信心，并且时刻向顾客传递出一种强烈的信息：我们的公司有雄厚的实力，我们的产品是优质的、高效的，我们是一家有前途的公司，是一家注重于长远发展的公司，是一家时刻为客户提供专业服务的公司，是能够为客户提供最适合的产品解决方案的公司。

销售人员在认可公司的同时，还要高度认可公司的产品，因为销售员对产品的态度会决定其业绩的高低。如果销售人员认可公司的产品，那么在与客户的互动沟通中会有效地传达给客户充满自信的信息，从而能顺利地说服顾客。

可见，了解自己所在的公司和产品，对一个销售员来说是相当重要的。如果一个销售员不了解自己的公司，对自己所销售的产品都不熟悉，那么很难有人愿意与这样的外行销售人员打交道。因为你连自己所在的公司和所销售的产品都无法了如指掌，你也就根本无法说服客户信任你，更别提购买你的产品了。

作为公司的销售人员，你应该了解：公司的创立背景以及销售理念；公司的规模（生产能力、销售组织网络、职员数量等），经济实力及信用（资本金、销售额及现期利润等）；公司的战略、经营理念、方针、目标及经营政策；公司在发展过程中所获得的荣誉、社会地位；公司主要领导的名字及他们的资历；公司的主要销售渠道及全国各地服务网络的设置。

对于你所销售的产品，你也应该熟悉相关的知识：产品的名称、基本性能、价格；与同类竞争产品相比，在结构、性能、价格上的优点；产品提供的售后服务等。

一个销售员只有掌握了这些基本常识，对自己的公司及产品有一个正确的态度，才能在顾客面前昂首挺胸，大胆地介绍自己、销售自己的产品，才能让顾客相信你能给他推荐最适合的产品。

可以说，有市场，就有竞争的存在。要在竞争中获胜，熟悉自己的产品，掌握产品的相关专业知识是进行成功销售的前提。丰富的产品知识能使销售员快速地对客户提出的疑问做出反应，这不但可以增加销售员的自信心，还可以赢得客户对销售员和产品的信赖。如果一个销售员对自己的产品不了解，还想当然地认为客户会不加了解就购买产品，这几乎是不可能的。这样的销售员是不合格的，更无法赢得客户对产品的信任。

在产品高度同质化的今天，同类产品在功能方面没有多大的区别，只要公司产品符合国际标准、行业标准或者企业标准就是合格产品，也是公司最好的产品，一定可以找到消费者。无论销售什么产品，只要你认为你所销售的产品是最好的、最适合顾客的，那么你一定能够将这种意识传达给顾客，一举攻破顾客的心理防线。

实践证明，只有对公司有信心，才能对产品有信心；只有对产品有信心，才能对自己有信心。每一次成功的销售都是建立在客户对公司、公司的产品以及对销售人员信任的基础上，三个方面相辅相成，互为一体。任何一个潜在顾客，如果能在这三个方面都形成信任的话，那么下一步必然是水到渠成的销售成功。当然，在这其中，销售人员是联结公司、产品与顾客之间的桥梁，起着关键作用。

因此，作为销售人员，在销售工作中一定要相信自己的产品，相信自己所在的企业，相信自己的销售能力，相信自己肯定能取得成功。这种自信能使销售人员发挥出最大的才能，从而战胜各种销售过程中遇到的困难，获得成功。

做销售就不要自卑

自卑感是销售人员的大敌，是阻碍成功的绊脚石。如果一个人怀有自卑感，在销售方面是不会有成功希望的。自卑是一种消极自我评价或自我意识，即个体认为自己在某些方面不如他人而产生的消极情感。销售人员的自卑感则是把自己的能力、品质评价降低的一种消极的自我意识。

在现实生活中，许多销售人员的心中会笼罩着一种自卑意识。销售是一个极易产生自卑感的工作，一个重要原因是销售中经常会伴随来自客户的拒绝、来自其他方面的误解等，从而使一些销售人员往往以“不能”的观念来看待事物。对困难，他们总是推说“不可能”“办不到”“想都不用想”等，正是这种狭隘的观念，将他们囿于失败的牢笼里。

小刘来自农村，是一个销售中老年保健器械设备的业务员。由于这些保健器械设备价格比较昂贵，因此，小刘平时接触的也都是经济条件优越，甚至有较高社会地位的人。平时拜访客户的时候，小刘看到客户一个个仿若成功人士，再看看自己，不过是一个卑微的小业务员，心里总觉得低顾客一头。

这种自卑感直接影响了小刘与客户的交流。在客户看来，小刘待人接物不够成熟，言谈之间缺乏自信，进而对小刘所在的公司以及所销售的产品也产生了怀疑；在小刘看来，自己内向，不善言辞，与客户的条件相比相差甚远，这种心理定位的不对等，总使得小刘难以自然地与客户交谈。自然，小刘的销售业绩也迟迟没有起色。

实际上，在现实的销售人员队伍中确实不乏像小刘这样怀有自卑感的销售人员。这些销售人员通常自卑心理很重，认为自己这不行那不行，甚至觉得自己不是做销售工作的“料”；要么就是有畏难情绪，“怕”字当头，怕销售干不好，怕顾客拒绝，怕商品卖不出去。常言道，“差之毫厘，谬以千里”，销售人员微妙的心理差异，造成了销售成功与失败的巨大差别。自卑意识使销售人员企图逃避困难和挫折，而不是迎难而上，从而使自己不能发挥出应有实力，更别提超长能力。

既然我们认识到了自卑意识是构成销售人员走向成功的最大障碍，那么，我们就必须改变自己，努力去克服自卑心态，树立自信，让自己成功地去把自己销售出去。可以参考以下具体的做法：

首先，正确认识销售职业的意义。

有些销售人员具有职业自卑感，他们为销售工作感到羞愧，甚至觉得无地自容。美国某机构调查显示，销售新手失败的一个最大原因是职业自卑感，他们觉得自己似乎是在以乞讨谋生，而不是在帮助别人，他们忘记了自己是在为客户提供有价值、有益的销售服务。

产生职业自卑感的主要原因是他们没有认识到自己工作的社会意义和价值。销售工作的本质是一种服务工作，甚至是一种对综合能力要求很强的工作，在一个双赢的交易中，顾客从销售中得到的好处远比销售人员多。所以，销售人员要培养自己的职业自豪感。

其次，对自卑心理进行分析。

销售人员在分析自卑原因的时候，要正视自己的弱点，承认客观事实，同时也要看见自己的长处，以增加自信心，化挫折为动力，奋发进取。实际上，一个人成就的大小不在于智力的高低，而在于是否具有不屈不挠、自信、坚持等优秀品质。

再次，从成功的回忆中建立成功的自我形象。

一个人的过去通常掺杂着成功与失败、悲伤与快乐的一系列经历。当你在某种特定的情景下，发现自己产生自卑感时，不妨回忆下自己以前成功的事例，从而调节你的心情，增强信心，并产生向一切困难挑战的勇气。很多时候，我们要学会欣赏自己、相信自己，而不是怀疑自己。

最后，培养自信心。

销售人员的自信心决定其言行举止。销售人员有了自信，说起话来才会不卑不亢，行动起来才会精神焕发，讨价还价中才会理直气壮。所以销售人员一定要有自信心，相信自己是最好的，相信自己公司的产品与服务是一流的。自信是销售成功的第一秘诀。相信自己能够取得成功，这是销售人员取得成功的必要条件。

其实，每个人都不愿意承认自己是最差的，总想把每一件事做完美，可每到做的时候往往会发现自己缺了样东西——自信。而在销售领域中，没有自信你根本无法完成任何一桩销售，因为谁也不会向一个对自己都没有信心的人买一件他不熟悉的商品。那么现在，你必须改变，努力去克服你的自卑心态，树立自信，让自己成功地把自己销售出去！

当你消除自卑感、成功地把自己销售出去的时候，你会发现：成功的大门已经为你敞开！

自信是可以包装出来的

对于销售员而言，自信的重要性不言而喻。销售员除了学习和掌握提升自信的心理学知识外，还可以通过外在的包装，如衣着、手表、车辆等展示给顾客成功者的形象。很多时候，人以物贵，有了外在包装的陪衬，有助于增强一个人的自信。

A公司进入食品添加剂行业已有一年，其产品质量优秀，销售业绩不错，是国内很有竞争力的公司。

严总是一个食品添加剂经销商。有一天，严总的秘书告知，A公司的销售人员打算来拜访严总。得知是A公司，严总很感兴趣，因为他听说A公司的产品质量还不错，但并未与A公司的人打过交道，于是就让秘书给A公司的那位销售人员约定次日下午3点过来面谈。

下午3点10分的时候，严总听见有人敲门，就说“请进”。门开了，进来一个人，穿着一套有些旧的、皱巴巴的浅色西装，神情仿佛不太自然地走到严总的办公桌前，说自己是A公司的销售员。

这位销售人员走进严总宽敞、装修豪华的办公室里，再看下自己的穿着，显然有些难为情。只见这位销售人员抖动着嘴唇，声音并不是很大，不停地往严总的办公桌上放些产品资料，更加显示出这位销售人员内心的不自信。

严总仔细地打量着这位销售员，只见这位销售员打着一条领带，领带还飘在上衣的外面，领带上有些脏，好像有油污；这位销售员穿着一双黑色皮鞋，但没有擦，看得见上面有一层灰土。看着这样一位销售员，严总总是无法集中自己的注意力，也没听清楚销售员在说什么，直到这位销售员自己也不知再说什么好了，严总才回过神来，敷衍了一句："把资料先放这里，你先回去吧！"

等打发走这位销售员后，严总当时就想，自己从心里无法接受这个销售员，本能地想拒绝他，甚至萌生不能与A公司合作的念头。

后来，A公司的一位竞争对手B公司也安排了一位销售人员前来拜访严总。B公司的这位销售员衣着整洁，满脸自信，精明能干，言谈之间有礼有节，与A公司的那位销售员相比，简直是天壤之别。此外，B公司的这位销售员左手腕上戴着一块名牌手表，一身品牌西装，而且前来拜访严总时，开着一辆黑色大气的帕萨特轿车，使得B公司的这位销售员更显成功者的气势，严总也觉得自己所交往的人非同俗人，有了一定心理满足感。

最后，严总选择了B公司作为合作伙伴，那位B公司的销售员也与严总成了朋友。

由此可见，销售员的自信，很多时候也是需要进行包装的，甚至可以说，销售员的自信可以包装出来。实际上，销售员懂得对自己适当包装，可以起到很重要的作用。这是因为，一个销售员的外表不仅与个人有关，还会直接关系着公司在客户心目中的形象。所以，要想把自己销售给客户，还要注意自己的衣着打扮等包装，给别人良好的外表形象，让自己的外表充满自信。

通常情况下，在销售活动中，最先映入顾客眼帘的就是销售人员的衣着服饰。一般来说，衣着打扮能直接反映出一个人的修养、气质和情操。穿戴整齐、干净利落的销售人员容易赢得顾客的信任和好感，而衣冠不整的销售人员会给顾客留下办事马虎、懒惰、糊涂的印象。

同时，人的心理活动会受外在环境影响。穿着得当、进行适度包装的销售人员，有助于形成一种积极的心理暗示力，无形中提升个人的自信；而不注重个人包装的销售人员显然会受到自己外在装饰的消极影响，并使个人的自信也随之打折。

所以，外表对于销售人员而言，可以说是销售商品的外包装。包装纸如果粗糙，里面的商品再好，也会容易被人误解为是廉价的商品。因此，当你销售自己的时候，你的外表将起着意想不到的作用。你的装束打扮总是有意无意地影响着他人对你的感觉，可能是愉快感，也可能是厌恶感。因此，在与客户交往中，销售人员的外表给人留下的印象是深刻的，这一点不容小视。一个外貌整洁、干净利落的销售人员，总会给人仪表堂堂、精神焕发、充满自信的印象。

当然，我们强调的包装并不是要求销售人员去追求衣着的华丽、戴名表、开豪车等，而是根据个人及公司的条件，要着装打扮合体、适度、整洁，并且要有新意、有个性。就着装而言，销售人员的衣着打扮有三点需要注意：第一要注意时代的特点，体现时代精神；第二，要注意个人性格特点；第三，应符合自己的体形。另外，销售人员在外表包装的同时，还要努力提升个人的综合素养，形成一种好的内涵气质，销售人员通过内外兼修，就会以更好的形象展示在客户面前。

信心根植于充分的准备

小方是某企业的一名销售人员。一天，小方发现了一个潜在客户，就高高兴兴地去拜访客户。进门以后小方先亮明身份，然后就开始向客户介绍自己的产品。一开始的时候，小方还信心满满地向客户介绍自己的产品，并不时地劝说客户购买，然而这个客户也是一个身经百战的人，自然不会因为小方随便的几句话就购买他的产品。

于是，客户开始反击，当客户问小方所在的企业的生产规模和能力、企业在同行中的地位、企业的文化、企业的销售策略等问题时，小方的回答总是支支吾吾。当客户说到产品和竞品相比价格贵了时，由于小方对竞品不了解导致无法回答，小方的气势逐渐消退。

紧接着，客户又开始就小方谈话中的漏洞进行反问，这使得小方更加手足无措……最终，小方的这次客户拜访归于失败。

由此可见，销售人员在销售活动中，信心是否足够很大程度上与准备是否充分密切相关。准备不充分可能会影响销售人员的信心。那么，销售人员拜访客户前，需要做好哪些充分的准备呢？

1. 自我准备

首先，做好仪容仪表的准备。销售人员有好的仪表再加上好的礼仪，能够赢得客户的好印象。因为礼仪是对客户的尊重，只有销售人员尊重客户，客户才会尊重销售人员，才能赢得客户的好感和信任。

其次，要有耐心。如果销售人员没有耐心进行销售前的充分准备，见到客户就直接去拜访，多半会以失败告终。比如，上述案例中的销售人员小方，发现潜在客户后没有经过充分的准备就匆匆去拜访客户，结果拜访失败。所以销售人员在拜访客户前，要做好充分的准备，选择最佳时机进行拜访，就会大大提高拜访成功的概率。

再次，要有热情。因为销售工作是人与人的交流，销售人员必须用自己的热情去感染客户，用热情去打开客户的防范心理。另外，销售工作单调而乏味，失败的可能性远远高于其他任何工作，比如，在销售工作中，销售人员难免会遇到一些意想不到的尴尬局面，客户的态度和语言在无形中会对销售员造成很大伤害。如果销售人员没有足够的热情，面对客户冷若冰霜的态度和锋利如刀的语言，很快就会使自己心灰意冷。

最后，要有自信心。要想成为一个有自信心的销售人员，需要有自信的心态，在体态上也要表现出自信，这是因为，一个人的自信形象完全可以从他的走姿、坐姿等体态上表现出来，比如挺胸收腹、面带微笑、眼睛有神、目光直视交往的对方；还要在语言上表现出自信，比如说话不能着急，分析问题要有理有据，吐字清晰。不管面对的是什么客户，都自然大方地说话，让客户一看就认为你是一个非常自信的销售人员。

2. 内部准备

首先，要准备推销要点，即你打算介绍哪些关键内容来说服顾客购买你的产品。关键内容主要是指产品特点（产品有哪些卖点，与同类、同档产品相比有何独特优势）和企业在同行中的地位等。客户在购买任何产品时都是为了满足自己某一方面的需求，因而他们在决定购买产品之前，首先要确定你的产品是否真的能够很好地满足他们的需求。

其次，为估计可能出现的问题做准备，比如，列出客户可能提出的各种问题，然后提出几种答案，再从中选择最佳答案。因为销售过程中的谈判是最终决定成败的因素，虽然谈判是将来进行时，但是销售人员也可以事先进行模拟，拟定开场白、该问的问题、该说的话以及可能的回答，这可以使销售人员不至于在谈话的时候出现纰漏和答非所问的现象。

再次，推销策略与技巧的准备，比如用什么方法接近顾客，赢得顾客好印象；如何在较短的时间内演示或介绍产品，迅速吸引客户的注意力？怎样把产品的特征与客户的需求结合起来？用哪种提示技巧激发客户的购买欲望？用什么促成技巧促使顾客最终采取购买行动？等等。

最后，销售工具的准备，“工欲善其事，必先利其器”，一套完整的销售工具是必不可少的。销售工具包括样品以及资料、照片和产品模型等。销售工具具有形象性，在销售中更具有说服力。

3. 外部准备

首先，了解客户状况，这主要包括：客户是喜欢你的产品还是竞争对手的产品？客户为什么选择竞争产品？客户的经营情况，如品牌、资金实力、主营业务、行业地位；客户的个人信息，如性格、爱好、禁忌等。

其次，了解竞争状况，如区域竞争的品牌有哪些？表现如何？采取的营销策略？采取的促销推广手段？价格的差异有多大？客户对竞争产品的口碑如何？竞争企业的人员数量如何？等等。

最后，调查潜在客户的资料，如关键人物的职称、关键人物的个性、客户购买的决策途径、客户的规模和资金状况、客户的信誉状况、客户的发展状况等。

总之，销售人员在拜访客户前进行充分的准备，可以使销售人员成竹在胸，不仅能够提升自信，还能吸引客户的注意、赢得客户的好感，从而大大增加拜访成功的概率。

永不绝望，永不放弃

曾经有一位穷困潦倒的美国年轻人，即使当他把身上全部的钱加起来都不够买一件像样的西服的时候，他仍全心全意地坚持着自己心中的梦想，那就是：做演员，拍电影，当明星。

当时，好莱坞共有500家电影公司，他逐一数过，不止一遍。后来，他又根据自己认真划定的路线与排列好的名单顺序，带着自己写好的、为自己量身定做的剧本前去拜访。第一遍下来，500家电影公司没有一家愿意聘用他，也没有一家愿意采用他的剧本。

面对百分之百的拒绝，这位年轻人没有灰心，从最后一家被拒绝的电影公司出来之后，他又从第一家开始，继续他的第二轮拜访与自我推荐。

在第二轮的拜访中，500家电影公司依然拒绝了他。

第三轮的拜访结果仍与第二轮相同。这位年轻人咬牙开始了他的第四轮拜访，当拜访完第349家后，第350家电影公司的老板破天荒地愿意让他留下剧本，先看一看。

几天后，年轻人获得通知，请他前去详细商谈。

在这次商谈中，这家公司决定投资开拍这部电影，并请这个年轻人担任自己所写剧本中的男主角。

这部电影名叫《洛奇》。

这个年轻人的名字叫席维斯·史泰龙。翻开电影史，《洛奇》与这位日后红遍全世界的巨星皆榜上有名。

在现实工作中，往往有许多销售人员对失败的结论下得太早，当遇到一点点挫折时就对自己的工作产生了怀疑，甚至半途而废。唯有经得起风雨及种种考验的人才是最后的胜利者。要牢记，如果不到最后关头就决不言放弃。

其实，在销售中，优秀销售人员与平庸的销售人员并没有多大的区别，只不过是平庸者走了99步，而优秀者走了100步而已。平庸者跌下去的次数比优秀者多一次，而优秀者站起来的次数比平庸者多一次。当你走了1000步时，也有可能遭到挫折，但成功却往往躲在拐角后面，若不拐弯，永远不可能获得成功。

被称为“保险业怪才”的克里蒙·斯通，是美国联合保险公司的董事长，也曾是美国最大的商业巨子之一。

斯通幼年丧父，靠母亲替人缝衣服维持生活，为补贴家用，他很小就出去卖报纸了。有一次，他走进一家饭馆叫卖报纸，被赶了出来。他趁餐馆老板不备，又溜了进去卖报。气恼的餐馆老板一脚把他踢了出去，可是斯通只是揉了揉屁股，手里拿着更多的报纸，又一次溜进餐馆。那些客人见到他这种勇气，终于劝老板不要再撵他，并纷纷买他的报纸看。斯通的屁股虽然被踢痛了，但他的口袋里却装满了钱。

勇敢地面对困难，不达目的永不放弃——斯通从小就是这样的孩子，后来长大成人也仍是这种人。斯通还在上中学的时候，就开始试着去推销保险了。他来到一栋大楼前，当年卖报纸时的情景又出现在他眼前，他一边发抖，一边安慰自己：“如果你做了，没有损失，还可能有大的收获，那就下手去做，马上就做！”

他走进大楼，如果被踢出来，他准备像当年卖报纸被踢出餐馆一样，再试着进去。但他没有被踢出来。每一间办公室他都去了。他的脑海里一直想着：“马上就做！”每一次走出一间办公室而没有收获的话，他就担心到下一个办公室会碰到钉子。不过，他还是毫不迟疑地强迫自己走进下一个办公室。他找到一个克服胆怯的秘诀，就是立刻冲进下一个办公室，这样就没有时间感到害怕而放弃了。

那天，有两个人向他买了保险。就推销数量来说，他是失败的，但在了解他自己和推销术方面，他有了极大的收获。

第二天，他卖出了4份保险。第三天，6份。他的事业开始了。

20岁的时候，斯通自己设立了只有他一个人的保险经纪社。开业的第一天，他就在繁华的大街上推销出了54份保险。有一天，他创造了一个令人几乎不敢相信的纪录，122份！以一天8小时计算，每4分钟就成交1份。

1938年底，克里蒙·斯通成了一名佣资过百万的富翁。

斯通说成功的秘诀在于“碰到挫折后，永不放弃”的精神。他还说：如果你以坚定的、乐观的态度面对艰苦，你反而能从其中找到好处。

在销售行业，的确如斯通所讲，能做最多的生意、得到最多的客户、销售最多的商品的人，永远是那些不灰心、能忍耐、决不在困难时说出“不”字的销售人员，是那些有忍耐精神、谦和礼貌、足以使别人感觉难违其意、难却其情的人。每一个销售新人，都应该努力使自己成为这样的人，而不是与之相反。

由于种种原因，人们往往不喜欢各商家的销售人员；但是，当他们遇到有忍耐精神、谦和礼貌的销售人员时，情况就不同了。他们知道，有忍耐精神的销售人员是不容易打发的；他们常常由于钦佩那个销售人员的忍耐精神而购买他的商品。

基于此，可以说，一个销售人员的自信，从深层次来讲，是出于一种信念，这种信念就是：努力实现目标，永不放弃！

朋友，相信自己，你的这份自信与信念，一定会打动任何一个顾客，包括你自己！

★★★★★★★★★★

用你的热忱去感动顾客

★★★★★★★★★★

客户愿意为你的热忱埋单

热爱销售事业

让热情待人成为习惯

热忱训练之专注力训练

热忱训练之大声表白

热忱训练之保持好奇心

始终保持销售热情不动摇

客户愿意为你的热忱埋单

有一次，有一位销售人员来拜访拿破仑·希尔。他把产品简介冷冰冰地拿到拿破仑·希尔面前，希望拿破仑·希尔订阅一份《周六晚邮》。

当然，拿破仑·希尔看到这样一个没有半点热情的销售人员，他的话中缺乏热忱，他的神情阴沉沮丧。他急需从希尔的订金中赚取他的佣金，但是他并未说出任何足以打动希尔的理由。因此，他无法做成这笔交易。

几个星期之后，又有一位销售人员来见拿破仑·希尔。她一共推销六种杂志，其中一种就是《周六晚邮》，但她的推销方法则大为不同。她看了看拿破仑·希尔的书桌，发现书桌上摆了几本杂志，她忍不住惊呼：“哦！我看得出来，你十分喜爱阅读书籍和各种杂志。”

短短的一句话，加上一个愉快的笑容，再加上真正热忱的语气，她已经成功地中断了拿破仑·希尔的工作，使拿破仑·希尔准备好要去听她说些什么，尽管先前拿破仑·希尔已经下定决心，绝不放下手中的文稿，借以礼貌地向她暗示：拿破仑·希尔很忙，不希望受到打扰。

由于拿破仑·希尔自己也是一个销售术和暗示原则方面的学习者，所以拿破仑·希尔密切地关注着，想要看看她下一步的行动是什么。她怀中抱了一大摞杂志，拿破仑·希尔本以为她会把它们展开，然后催促拿破仑·希尔订阅它们，但她并没有这样做。

她走到书架前，取出一本爱默生的论文集。在以后的十分钟内，她不停地谈论爱默生那篇“论报酬”的文章，谈得津津有味，竟然使拿破仑·希尔不再去注意她所携带的那些杂志。不知不觉中，她给希尔讲述了许多有关爱默生作品的新观念，使拿破仑·希尔获得了宝贵的知识。

然后，这位女销售员问拿破仑·希尔：“你定期收到的杂志有哪几种？”拿破仑·希尔向她说明之后，她脸上露出了微笑，然后把她的那摞杂志展开，摊放在拿破仑·希尔面前的书桌上。她一一分析了这些杂志，并且说明拿破仑·希尔为什么每一种应该都要订阅一份。《周六晚邮》可以让人欣赏到最干净的小说；《文学书摘》以摘要的方式把新闻介绍给拿破仑·希尔，像他这样的大忙人最需要这种方式的服务；《美国杂志》可以向拿破仑·希尔介绍工商界领袖人物的最新生活动态等。

但拿破仑·希尔并没有像她所想象的那般反应热烈，于是她向他提出了这样一项温和的暗示：“像您这种地位的人物，一定要消息灵通，知识渊博。”

她的话确实是真理。她的话既是恭维，又是一种温和的谴责。她使他多少觉得有点惭愧，因为她已经调查过他所阅读的材料，而那六种她推销的畅销杂志并不在他的书桌上。接着，拿破仑·希尔开始“说溜了嘴”，他问她，订阅这六种杂志共要多少钱。她很巧妙地回答说：“多少钱？呀，整个数目还比不上您手中所拿那一张稿纸的稿费呢。”

于是，她离开时便带走了拿破仑·希尔订阅这六种杂志的订单，还有12美元订报费。但这并不是她利用巧妙的“暗示”和“热忱”所获得的全部收获。她征得了拿破仑·希尔的同意，又到拿破仑·希尔的公司去进行推销，结果，她又招揽了拿破仑·希尔的五位职员订阅她的杂志。

当她停留在拿破仑·希尔书房的那段时间，一直不曾让他留下这个印象：拿破仑·希尔订阅她的杂志是在帮她的忙。正好相反，她很自然地使他有了这个感觉：她是在帮助他。这是一种极为巧妙的暗示。

这个女销售员为什么能够成功，是因为她给了客户一个暗示：我是在帮助客户，而不仅仅是赚他的钱。这样，时时让客户切身体会到销售人员的热忱、感到销售人员可以信赖，客户最终会接受销售人员所推销的产品。

对每一名销售人员尤其是销售新人来说，热忱是很重要的。一个充满热忱的人，走到哪里都会在人群中散发暖意，融化一切偏见和敌意，使客户敞开心扉，促使交易成功。

热忱还可以使客户消除对产品和你的排斥心理，使他们与你达成共识。当你接待任何一个客户时，你都应该尽可能多地考虑到自己会给客户留下什么样的印象：是热忱还是冷漠，是考虑产品对他们的帮助，还是只考虑利润。

热忱是一种兴奋剂，可以使你充满希望，好像脚下有了弹性，心里有了温暖。热忱也是一种心态，它可以在你的言谈举止中自然地流露出来。

实践证明，销售人员自身的热情对其成功的作用占95%，而产品知识只占5%。很多初入销售行业的新人虽没有学会太多的销售技巧，却能不断地将产品销售出去，创造相当不错的业绩，其原因就是他们对自己的事业怀有高度热忱。对于一个销售人员来说，技巧并不是唯一重要的，业绩的创造往往始于热忱。

所以，热忱的心态是做任何事的必要条件。热忱还是可以传递的，你的心态往往会影响到客户的心态。当你对工作有一种发自内心的热忱，你的这种热忱就会传递给你的客户，使他也对你抱有热忱的态度，进而接受你所推销的产品。所以说，热忱不但是一种心态，也是一种自我推销的"方法"。

热爱销售事业

李嘉诚先生曾经说过："我一生最好的经商锻炼是做销售员，这是我用十亿元也买不来的。"销售的重要性，从李嘉诚的这句话里可见一斑。

大凡国内白手起家的商界精英，在创业初期多从事过销售行业。销售不仅锻炼了他们的经商能力，磨炼了他们的心性，也成就了许多没有背景、没有家世的"贫困子弟"。他们在销售领域里成长壮大，获得财富，创立企业。

事实上，我也是这些白手起家的商界精英中的一员。我没有背景，没有家世，没有学历，曾经很长时间没有找到工作，完全是通过销售改变命运的一个人。初入社会，遭过讥讽，挨过骂，受过气，在所爱的销售领域里，摸着石头一步步走来。一路走来，是销售给了我所有的一切，我应该感谢我孜孜不倦坚持执着的销售行业。我无比坚信，销售是实现所有梦想与目标的唯一途径。而我未来的梦想是建立一所销售大学，去改变更多人的命运。

的确，作为一名销售人员，最基本的要求就是一定要以一种端正的心态来对待自己所从事的职业，否则你将很难做好自己的工作。心态决定命运，销售工作本身极富挑战性，是对销售人员心理素质的全面考验。当销售人员面对不同的客户时，不论客户怎样说，销售人员都必须要对自己所从事的职业有一个较为理性的认识，认识到自己工作的价值和意义，体会到为目标而努力奋斗的乐趣，从而全身心地投入到自己的工作中去。

许多销售新人虽然敢于迈出推销生涯的第一步，但直接面对客户、与其进行交流时就会表现得坐立不安、手足无措、语无伦次。为什么平时谈笑风生的销售人员一旦与客户交谈起来却变成了这个模样呢？

实际上，这在很大程度上与销售员并未深刻认知销售事业有关。销售与任何行业的工作一样，只是具体工作内容不同。销售人员不是把产品或服务强加给别人，而是在帮助客户解决问题。因此，对于销售人员来说，不管是高层的销售经理还是底层的业务代表，其所从事的销售工作，都是有着深刻意义的。

每个人都希望发挥自己的才能，为自己的梦想而努力，这既是人们实现自我的一种心理需要，也是一种对人生价值的追求。对于销售人员来说，既然从事了这种职业，就应该全身心地投入进去，用努力换取应有的回报。

俗话说“不想当将军的士兵不是好士兵”，对于一个士兵来说，如果自己不热爱军旅生涯，又怎样能成为将军呢？对于一个销售人员来说，步入销售行业，无不希望通过销售渠道，实现自己的人生价值，但是，如果一个销售员不发自内心地热爱销售事业，又如何能从销售事业中脱颖而出并且成功呢？

作为销售人员，我们要客观地认识到，销售是一种服务性的职业，可以给客户带来方便，同时，销售人员的用心服务也会在销售中获得客户的认可和尊重。尽管在工作中销售人员会碰到各种各样的挫折和打击，但是如果成功地征服这些困难，就会从工作中获得更大的成就感。

一切成功的销售人员包括乔·吉拉德的经历都告诉我们：销售工作是一种平凡而伟大的职业，只要我们怀揣着对销售事业的热爱，我们就会在一切困难面前积极开动脑筋想办法，那么，我们距离品尝销售成功的时刻就不远了。

让热情待人成为习惯

日本著名销售专家原田一郎说："热情可以使失败的销售人员成为一个成功的销售人员，悲观的人成为乐观的人，懒惰的人变成勤奋的人。"

的确，顾客都是有血有肉的人，是有感情的，也有种种心理需要。所以，你若一心只想着增加销售额，赚取销售利润，而没有一丝的感情在内，那就很难谈什么成交了。你首先需要用热情去打动客户，唤起客户对你的信任和好感，只有这样交谈才能继续下去。

通常来说，一个人一时的热情容易做到，但一个成功的销售人员需要把热情变成一种习惯，即形成自己影响力体系中重要的一环——亲和力。正如一句名言所说："我们养成习惯，然后习惯成就我们。"拥有热情的人不管处于什么环境下都可以有所作为。

可以说，热情对销售人员而言是无往不胜的，美国商界女强人玫琳凯·艾施就是以热情赢得了顾客。玫琳凯在1963年创立了自己的公司——玫琳凯化妆品公司，如今这家化妆品公司每年的零售总额达20亿美元，美容顾问多达37.5万人。在今天的商界，"玫琳凯式的热情"已是众人皆知，她的热情也已成为人们津津乐道的一个传奇。在谈起自己将热情形成一种习惯、甚至形成一种企业文化时，玫琳凯感慨于过去的一段经历。

当时，玫琳凯还是一名年轻的家庭主妇，在一个星期五的下午，玫琳凯家的门铃响了。当玫琳凯打开门时，一位素未谋面的女士站在门口，还没等玫琳凯开口，她便做了自我介绍。那位女士叫伊达·布莱克，想向玫琳凯推荐一套优良的学前幼儿读物，并且征询玫琳凯的意见她是否能进屋向玫琳凯解说。

玫琳凯邀请她进屋来，万万没想到的是，在玫琳凯还没有弄清楚她推荐的产品之前，她就让玫琳凯对她的产品产生了极大的兴趣。

这是一套由父母亲在家中念给幼儿听的读物，由格罗里亚学会印发，书名为《儿童心理书库》。母亲们可以在这套书库的目录中找到任何想要释疑的问题，并能在里面找到一个相关的道德寓言故事，使幼儿在聆听故事中获得启发。玫琳凯认为这是自己见过最好的一套儿童教育书籍。

虽然玫琳凯对这套书爱不释手，但当伊达告诉玫琳凯这套书的价格为50美金时，玫琳凯的眼眶溢满了泪水。“我很抱歉，这个价格无异于叫我飞到月球上去，”玫琳凯只得告诉她，“我负担不起。”

伊达已经看出玫琳凯特别喜欢这套书了，就对玫琳凯说：“玫琳凯女士，我把书留在你这里，星期一再过来拿，你看好不好？”

“好极了，”玫琳凯惊喜地回答，但稍后又有了些犹豫，“但是这样也不会有多大用处，因为我根本就买不起。”

“那这样吧，”她说，“你帮我卖出去十套，我就送你一套，你觉得怎么样？”

“真的？天哪，那太棒了！天底下还有这等好事！”玫琳凯破涕为笑，对她的这一建议表示了首肯。

当时，玫琳凯正好担任着休士顿浸信会幼儿主日学校的义务监管人，因此玫琳凯手头有许多母亲的电话号码。在接到这一“使命”后的整个周末，玫琳凯便一个个给这些妈妈打电话，告诉她们这是自己见过最好的一套儿童教育书籍。

玫琳凯以满腔的热情向她们诉说着这套书的种种优点。就这样，奇迹真的发生了，在玫琳凯还没有将产品展示给她们看之前，就卖出去了十套——千真万确，她们根本还未看到这一套书是什么模样！奇迹是如何创造的？那是由于玫琳凯本人在向他们推荐时实在太兴奋了！也让她们感染了这种气氛！热情真的有这样一种感染他人的魔力！

当伊达在周一早上再度登门造访时，玫琳凯向她展示了自己的成果。“这里是她们的名字与地址，”玫琳凯对她说，“你现在要做的就是去一一拜访她们，向她们收钱。”

“我真不敢相信！这真是个奇迹！”伊达说，“这套书就归你了，玫琳凯！”她指着摆在玫琳凯餐桌上的那套书籍说。

“喔，谢谢你。”玫琳凯眼睛里溢出激动的泪花，哽咽着答道。

“现在，我有更重要的事和你讨论，玫琳凯，”伊达的语气听起来非常兴奋，“你愿不愿意帮我们公司销售产品？”在玫琳凯还没回答之前，她又补充道，“不过，你需要一部车子。”

“我家只有一辆车，我先生要开去上班。况且，我还不会开车。”玫琳凯为难地告诉她。

“请你转告你先生，把车子留给你，我们明天就开着它出去。玫琳凯，我们要销售更多的书。”

仅仅隔了一天，玫琳凯和伊达去挨家挨户地敲门，但情况并不妙，不是没人在家，就是吃了闭门羹。一天下来，她们连一套书也没有卖出去；没有人对这套书再感兴趣。玫琳凯真纳闷：我上周仅一个周末就在电话里卖出去10套，如今我和伊达怎么会碰到如此大的困难？

到了下午5点，伊达移到副驾驶的座位上，以“命令”的口气对玫琳凯宣布：“你来开回家！”

“这不是开玩笑吗？我不会开！”玫琳凯大叫道。

“如果你要成为一名销售人员，你就必须学会这门技术。”伊达十分沉着地回答道。

对玫琳凯来说，这居然是自己的第一堂驾驶课——在交通高峰期，玫琳凯驾着车冒着冷汗在休斯敦市区行驶。尽管玫琳凯惊恐不已，但她仍然非常感谢伊达。她不仅仅给玫琳凯上了第一堂销售课，而且也使玫琳凯学会了开车。

当时的玫琳凯对销售可以说是一无所知，但有一点玫琳凯却非常明了，自己能够一下子将十套书销售出去的原因，就是由于玫琳凯自己对这套书保持着极高的热情。

玫琳凯很快整理出一份休斯敦地区浸信会家长的名单，并和他们约定好了会面的时间。在开始的九个月里，玫琳凯销售出去的书总金额达到25万美元，这一业绩使玫琳凯成为这家公司的顶尖销售人员，也为玫琳凯此后创办公司、带领公司走向辉煌打下了基础。

热忱训练之专注力训练

销售中，热忱的重要性已经不言而喻。然而，在现实的工作中，我们会发现，并不是每个销售员都能具有热忱的习惯。其实，热忱对每个人都很重要，尤其是销售职业，热忱与否几乎决定了销售能否成功。因此，热忱成为每个销售人员的必修课。

在训练自己的热忱度时，我们可以通过训练自己对某件事情的专注力，来培养自己的热忱。也就是说，我们要经常能够对某事寄托以自己的热忱，这些事物可以是一个目标、一个想法、一项计划、一个人或一个家庭等。

其实，在乎某件事是很重要的，你的在乎很快会让别人感觉得到，这对“销售你自己”而言是很有帮助的。另外，培养对某件事的在乎也是在替你培养热忱而暖身。

要做到对某件事在乎或专注，离不开事前的准备。比如有的时候，你同朋友说：“我们出去散散步或兜兜风。”假如想法是你提出来的，但你却没有计划好目的地，于是你会发现，你们可能将会无言地坐在车里或走在路上，没多久你们可能会说：“我们还是回去吧！”

那是因为你们并没有为出来散步这件事进行计划，以至于出发后没有你们要在乎的事情，比如没有目的和目标，甚至单纯看风景的目的都没有。当然，也可能会出现另一种情况，那就是无意中你被途中的一些风景吸引了，诸如漂亮的夕阳抑或可爱的动物等。这时，你可能会对映入眼帘的事物在乎起来，随之而起的兴奋和热忱也会滋长起来。

但是，如果你能够事先计划好去做什么，那么你就能更早地体验到那股热忱。正如一句话所说：“准备过程的乐趣，抵得上达到目标后的一半。”对此，乔·吉拉德曾说过一段自己的亲身经历。

有一次，乔·吉拉德开车载着家人到迪士尼乐园去游玩。在乔·吉拉德一家人接近目的地时，他们的情绪变得越来越热切。当他们看到第一个路标“距离迪士尼乐园535英里”时，他们看着彼此，笑了一下；在他们看到另一个路标“距离迪士尼乐园350英里”时，他们开始兴奋；当又一个路标“距离迪士尼乐园125英里”出现时，他们激动的心情无以言表；然后，他们到达了目的地迪士尼乐园。

在整个路途中，由于乔·吉拉德一家人心中在乎的都是迪士尼乐园，因而他们心中的热忱在路上的每一英里都得以锻炼。

可见，设定预期目标，让自己在乎某件事，对训练我们的热忱很有帮助。为此，我们可以在主观上让某件事变得有趣。在这里有一个小技巧，那就是把目光和心情放在终极目标上，这就好比农夫在种地时，他们付出的代价并不能马上就有回报，必须等到秋天来了，谷物收成后才能有所报偿。这份丰华秋实正是农夫们所热切盼望的。

可以想一下，农夫们只是日复一日地埋头苦干、翻土、栽种并想象丰收的情景，当他们看着稻谷一天天地发芽、成长时，心中的热忱与喜悦必然与日俱增；这份热忱，又会激励农夫们用心耕种，从而形成良性循环。

在销售工作中，销售人员发自内心的热忱离不开对销售事业的专注。或许在销售过程中充满了艰难险阻，比如顾客的不理解以及拒绝、来自竞争对手的压力等，但销售人员只要想一下销售成功后的喜悦，就没有理由不去全力以赴。这实际上也相当于销售人员给自我设定一个目标，为了达到这个目标，要像耕种一样不辞辛苦，专心致志，让自己对所做的事情充满热忱。

对于销售人员来说，你在工作中的专注一定会获得某种形式的回报。正如一句销售名言所说：“全神贯注对待你的客户，就能获得他对你的全部注意力。”为此，我们还可以对某方面的问题深入了解，挖掘兴趣，这也可以培养我们的专注力与热忱。

其实，有些人对很多事物之所以缺乏专注、不够热忱，只是因为还不够了解。比如多年来，拿破仑·希尔对于现代画一直没有好感，认为它们只是由许多乱七八糟的线条所构成的图画而已。直到经一个内行的朋友开导以后，拿破仑 · 希尔才恍然大悟：“说实在的，有了进一步的了解后，我才发现它真的那么有趣，那么吸引人。”同时，在了解的基础上，拿破仑 · 希尔对现代画的热忱明显增强。

对此，卡耐基也曾说过这样一段话：“例如，我以前对于崇拜林肯并不热忱，直到我写了一本有关林肯的书以后才改变，现在我非常热忱地崇拜他。华盛顿可能是和林肯一样伟大的人物，但是我对他并不如我对林肯那样崇拜，因为有关华盛顿的事我知道得并不太多。对于任何事情，只有在深入了解以后你才会产生出热情。”

因此，我们在进行专注力训练、以激起对事物的热忱时，一方面要确定目标，另一方面要对该目标有一定了解，将这两者结合是帮助我们建立“对某种事物热忱”的关键所在。

热忱训练之大声表白

乔·吉拉德在当初训练自己的热忱时采取了一个办法，那就是每天早晨醒来他都会告诉自己“要快乐哟”，他的精神会因此得到很大的振奋，情绪也为之快乐起来。每一天对乔·吉拉德来说都是全新的24小时、全新的1440分钟、全新的一天。为了庆祝这一天的来临，乔·吉拉德甚至想要高声歌唱，来表示自己这一天的热忱。

实际上，乔·吉拉德这种训练热忱的方法受益于一位富有激情的朋友。他这位朋友一贯以兴奋大喊的方式来销售自己，从而让每个人都活跃和振奋了起来。不仅如此，那位朋友使得俄亥俄州一家很大的家电制造商活了起来；他的这种热忱和自我推销使他本人坐到了公司内很高的位置，并被授以重任，即主持该公司的训练计划以及产品发布会。

当时，乔·吉拉德所卖的车是由该家电公司的关系企业制造的，因而乔·吉拉德也随之通过朋友的引荐认识了一位富有激情的人。那位富有激情的人曾经是某个巡回表演团的成员，该团体结合了说书人、喜剧演员、音乐家，以及从事各类娱乐工作的人，深入全美各地巡回演出。

在看了那位富有激情的人的表演后，乔·吉拉德的一位在该家电公司工作的朋友劝那个富有激情的人：“为什么不到我们公司来做事呢？”乔·吉拉德的朋友继续说：“我们这里工作稳定，收入好，周围的人又很优秀，我相信你一定会喜欢这里的。”

“可是我喜欢我现在的工作，我喜欢音乐。”那位富有激情的人说。

“你可以用玩音乐的天分和旺盛的热忱，来卖我们的冰箱和炉子。”

乔·吉拉德的朋友继续游说。

那个富有激情的人听后想了一会，便下了个决心："好的，这个约定听起来不错。"

他到该公司入职时，恰好有项业务会议正在举行。当时会议的气氛低落到了极点，好像是一群人在守夜一样。于是，他看到了机会，就像乔·吉拉德的朋友先前对他说的，公司需要他的热忱，而他也知道自己能够办得到。

他于是开始争取一个在当时并不存在的职位——处于这个职位的人必须在员工训练中注入激情，从而让会议开得更有朝气，并增加产品发布会的趣味。就这样，他在业务会议中，当着很多高层主管的面放声唱起歌来，尽管他的歌声实在不怎么样，但歌声中充满了热情，打动了现场的每一个人。

业务员们在会议中变得朝气蓬勃起来，在以后产品发布会上，经销商们也大声地喝起彩来。此外，他还组织了一个男声的员工合唱团，选择一些振奋人心的歌曲，然后在每一次业务会议上表演。渐渐地，业务员和经销商从他那里获取了热忱，散播到整个世界，该家电公司的产品也得以推销到全世界。

可见，我们在通过大声表白训练热忱时，还要注意"彼此交换"。比如说，你对别人微笑，得到的也总是微笑；假如你能热切地与某人谈话，那么你们之间应该也能激起火花。相反，如果你叹了一口气，没多久别人也会叹气，但你若微笑、哼唱，别人往往也会这么做。所以，当你大声地把热忱表现出来的时候，这股热忱会像强大的电流通过电线一样，迅速获得积极的回应。

当然，我们所说的热忱绝不仅仅是简单地大声讲话或呼叫。正如著名的成功学家卡耐基所说："我说的热忱，是指一种热情的精神特质，是深入人的内心里……我称之为'抑制的兴奋'。如果你内心里充满要帮助别人的热望，你就会兴奋。你的兴奋从你的眼睛、你的面孔、你的灵魂以及你整个为人方面辐射出来。你精神振奋，而你的振奋也会鼓舞别人。"

另外，身体是产生热忱的基础。一个人如果行动充满了活力，他的精神和情感也会充满活力，所以，销售人员可以通过增强锻炼身体来训练自己的热忱。强化自己热忱的另一个做法是，在做一件工作前，先给自己来一段精神讲话或说些鼓舞的话，可以起到一种积极的心理暗示力的作用，从而激发自己的热忱。

热忱训练之保持好奇心

中世纪末期的欧洲是一个对贸易、财富、土地有着无限热忱的区域，那里有一位叫克里斯托弗·哥伦布的探险家，在当时的欧洲，人们还普遍认为地球是一个平面，而哥伦布认为地球是圆的，如果真是这样，从欧洲到东方的印度不必只向东绕到非洲南边，而是往西航行就可以了，这样的话或许会省下很多路程。

然而，哥伦布的这种奇特想法在当时几乎没人理会，即便是在哥伦布的祖国意大利也没有支持他。于是，哥伦布来到了西班牙。

哥伦布知道，要找到人来帮助自己实现向西航行的想法，首先要成功地推销出去自己。哥伦布先是向当时的西班牙皇室呈递了完整的航行计划，给西班牙皇室留下深刻的印象，接着，哥伦布在说服中加入了“热忱”这一催化剂，作为一名探险家，哥伦布向西班牙皇室描绘了一幅非凡和富庶的蓝图。

哥伦布在西班牙皇室面前热切地侃侃而谈，他以好奇的眼光看待未知的世界、分析未知的世界，这种好奇心使得哥伦布在说话时充满了热忱和激情，而且话声铿锵有力。哥伦布的热忱赢得了西班牙皇室的赞许，哥伦布也通过自我推销得到了他想要的——三艘船以及足够的船员。再往后，就是我们现在知道的结果了，即哥伦布以西班牙之名发现了美洲。

正因为此，乔·吉拉德曾说过一句话：“……热忱发现美国……热忱发现了美洲……”。实际上，热忱还可以发掘出很多市场机会，比如，销售人员的热忱可以撬开订单的大门。

在训练热忱方面，乔·吉拉德曾指出，销售人员要用充满好奇的童心来看待世界，从而随时保持热切期待的心态。在销售工作中，销售员需要保持孩童般的热忱，全力以赴地投入每一天。

其实，热忱本是一种积极的心理状态，是对一切事物保持好奇心、保持热情的一种状态。如果在待人接物中热忱、大方，不卑不亢、有理、有节，加上个人的风度、气质、人格魅力，一定有助于事业的成功，赢得周围人的称赞。

在为热忱保鲜的要素中，好奇心起着重要的作用；同时，一个人的热忱也有助于提升一个人的魅力。人有魅力，别人就愿意与之交往，能够使顾客愿意与销售人员交往，显然有利于销售人员工作的开展。

在对新鲜事物保持好奇心方面，我还是比较擅长的。但我的好奇心与一般人的“心动”还有很大差异，因为还不仅要行动，更要“折腾”。在从事健身俱乐部销售工作的日子里，我以超人的激情迎接工作中的一次次挑战，创造了行业内一次又一次新的销售纪录。当时，业绩好的月份我的薪资能高达20万～30万元，在短短三年半的时间里，我就挣得了人生中的第一桶金——130万元。正当销售做得越来越优秀的时候，我决定辞去健身卡销售工作，因为我当时想，只有进军培训行业，才能从事销售培训工作，才能逐步成为讲师，才可以站在讲台上把自己的销售经验分享给更多的人，帮助更多人改变命运。于是，我通过应聘来到聚成企业管理顾问有限公司上海分公司做一名销售员。刚来聚成不久，别人一张课程票都没有卖出去，我却卖出去了八张。当主管准备表扬我的“战绩”时，我却早已在酝酿另一个新的想法——创业。我太渴望实现自己的梦想了，我想拥有更多的财富，实现建立一所销售大学的伟大理想。

在关于好奇心的研究方面，据美国宾夕法尼亚大学的研究表明，对身边人和周围世界保持好奇可以让你的社交生活更加丰富。共同的兴趣爱好会拉近人际距离，增加社交机会。充满好奇心的人，往往更有生活情调，不仅善于聆听，而且十分健谈，有助于增强人际关系。

此外，据美国另一所科研院校乔治·梅森大学的研究表明，对结识有魅力陌生人的好奇和兴奋有助于赶走焦虑，好奇心强的人在社会交往过程中更可能采取积极措施解决冲突危机，克服焦虑情绪。

好奇心可以让人更加坦然地接受挑战，好奇心强的人不论面对顺境还是逆境，都能找到生活的意义和乐趣。再者，好奇心一旦被激起，学习不那么有趣的事情也会变得更加简单。这对一些常常觉得产品知识欠缺、难以激发起在客户面前介绍产品知识时不够热忱的销售员来说，对产品资料保持一种好奇心，有助于更快地学习产品资料，也有利于在给顾客讲解产品知识的时候，充满热忱。

总之，好奇心有助于激发起热忱，而热忱是一个人的事业之本。一个拥有热忱的人不论做什么事，都会怀着极大的兴趣。因为有了兴趣，自然而然地会热爱自己所做的事，并且认为自己所做的事是一项神圣的天职。不论遇到多少困难，或需要多么艰苦的训练，始终会用不急不躁的态度去进行。只要抱着这种态度，任何人都会逐渐接近甚至达到自己的目标。

始终保持销售热情不动摇

汉斯是美国伊利诺伊州詹森公司的一名销售员，凭着高超的销售技艺，他叩开了无数个经销商森严壁垒的大门。有一次，他路过一家商场，进门后先向店员作了问候，然后就与他们聊起天来。

通过闲聊，他了解到这家商场有许多不错的条件，于是他想将自己的产品销售给他们，但却遭到了商场经理的严厉拒绝。这家商场经理直言不讳地说：“如果进了你们的货，我们是会亏损的。”

汉斯不肯罢休，他动用了各种技巧试图说服商场经理，但磨破嘴皮都无济于事，最后只好十分沮丧地离开了。他驾着车在街上溜达了几圈后，决定再回那个商场。当他再度走到商场门口时，商场经理竟满面笑容地迎上前，未等汉斯先说什么，商场经理就马上决定订购一批产品。

汉斯被这突如其来的喜讯搞懵了，不知这是为什么，最后商场经理道出了缘由。他告诉汉斯，一般的销售人员到商场来很少与营业员聊天，而汉斯首先与营业员聊天，并且聊得那么融洽；同时，极少有被拒绝后又重新回到商场来的销售人员，汉斯是他遇到的第一位。显然，汉斯的热情感染了商场经理，从而实现了销售的成功。

其实，热情也是一种力量，可以有效地感染顾客，促使顾客接受你的销售建议，并使你们共同融入和谐的气氛中。所以，一个销售员成功的因素可能有很多，而居于这些因素之首的就是热情。没有热情，不论你有什么能力，都难以发挥出来，更不用说成功。因而，成功是与热情紧紧联系在一起的，要想成功，就要始终保持热情不动摇。

热情是销售成功的一个重要因素，据统计表明，热情在销售工作中所占的分量很重。有的情况下，热情的作用甚至超出了销售员对产品知识的了解和掌握。但遗憾的是，很多销售员在销售的过程中并没有表现出足够的热情。可以说，经验和热情很少同时存在同一个人身上，这就证实了这种说法："熟而轻之。"长久地从事某一行业可以给你带来丰富的经验，但同时也可能磨灭你的热情，使你变得越来越机械。为此，你必须想办法加以克服，使自己的热情之火永不熄灭。

2013年7月，我创办了上海志梦企业管理咨询有限公司，期望把它发展为一家集现代企业实战管理、中国式企业实战销售、招商、管理培训、内训、企业顾问式咨询诊断为一体的专业咨询培训机构。作为一位资深销售培训讲师，我主讲的销售课程"销售通天下"自开办以来，影响、帮助了无数企业，改变了无数人的命运。

我非常热爱志梦集团，志是"志向"，梦是"梦想"，我们都是一群有远大志向、伟大梦想的人，而志梦集团就是我们实现梦想的平台，我们会把志梦集团像孩子一样对待。我们会用勤劳的汗水、奋斗的泪水，浇灌志梦集团这棵树，我想，经过我们的努力拼搏，志梦集团必定枝繁叶茂，会茁壮成长。志梦集团团队中的每位成员都有一股冲劲，都有不服输的精神。我是一个简单的人，对待我的工作、行业、产品、朋友、亲人乃至我的梦想，唯有一颗热忱之心。我把全部的精力放在了志梦集团的强大上，放在教育培训事业上，我努力着每一天，因此，我感受到了每一天的美好与充实。我深知热爱一个行业的重要性，我更加知道，一个人聚焦一生于一种职业、一个行业，是对人生对生命多么负责与敬畏的一件事情呀！更何况是我视生命一般热爱的销售工作、教育培训行业！

虽然在事业上已经小有成就，但我依然保持着对自己所从事行业的热爱，对销售精神的热爱。销售是一份十分需要耐力和坚强意志力的活儿，每一天都需要你充满热情。不少从事销售的人在从事一段时日后，便销声匿迹了，这主要与其"三分钟热度"有关。面对每天遭受拒绝的痛苦，意志力薄弱的销售员在客户的一声声"不需要"中只好打退堂鼓，他们失败的原因就是没有将热情坚持到底。

热情作为一种精神状态是可以互相感染的，如果你始终以最佳的精神状态出现在客户面前，你的客户一定会因此受到鼓舞，你的热情会像野火般蔓延开来，足以感染和打动客户。

如果你选择了销售行业，你就避免不了经常性地遭到失败和拒绝，如果你对销售工作没有一点狂热的激情、持久的热情，仅仅是苦苦地撑到发薪的那天，你会得到令人失望的结果。你的收入是与你提供给客户的服务数量来决定的，较少的服务等于较少的收入，更多的服务等于更多的收入。因此，如果销售人员对待其所从事的销售工作没有持久的热情投入的话，就不可能在销售中获得非常大的成功。

第四章

★★★★★★★★★★

善于提问和倾听

★★★★★★★★★★

会提问究竟有多重要

销售中的五大提问技巧

不可不知的九类问题

靠会问获得60万年薪的销售员

提问与倾听：销售的两项基本功

听出玄机

倾听的三个层次

倾听是一门精致的艺术

会提问究竟有多重要

销售员在与客户沟通时，是否善于提问对销售员能否成功地推销自己起着重要的作用。可以说，一个优秀的销售员可能未必是一个健谈者，但肯定是一个善于提问的人。善于提问才能打开客户的心扉，让客户畅所欲言。当客户发现竟然有很多话和你说时，就意味着你在逐渐走入客户的心扉，被客户所接受。

销售中的提问看似简单，实则很有专业性。因为有些销售人员的提问让顾客愿意、乐意回答，有些销售人员的提问则可能会招致客户的反感。所以，销售员需要掌握专业地提问题的本领，然后再有效地倾听和沟通，就不难缩短与顾客之间的心理距离。

一个信奉基督教的信徒问牧师："我在祈祷的时候可以抽烟吗？"

牧师当即拒绝："不行，这是对主的不敬，你怎么会有这种想法，阿门！"

信徒想了下，又问："我在抽烟的时候，可以祈祷吗？"

牧师非常欣慰地回答："当然可以，你不愧是主的好子女！"

这个小故事看起来像个笑话，实则给了我们一个启示，那就是：同样的要求，换个不同的表达方式，得到的结果可能会截然不同。这就是会提问的一个重要性展示。

接下来，我们详细地梳理下会提问在销售中究竟有多重要。

1．提问让你有机会了解客户真实的购买原因

比如说，你的客户为什么购买？我们以汽车4S店销售汽车为例，你问下自己为什么要买车？当你走进一个4S店的时候，向你迎面走来的销售人员知道你

的购买原因吗？知道你买车是为了干什么吗？如果那位销售人员什么也不问，就开始向你滔滔不绝地讲个不停，说某款车有多么多么好，你会觉得如何？也许你买车是因为家里人增多了、导致以前的车有些小而坐不下，也许是因为以前的车档次低了需要一部更显身份的车，也许是要越野，也许是为了省油，也许是为了更安静舒适等。

购买同一辆车，可能会有千百个不同的理由；如果你向客户推荐的价值和客户的购买理由不匹配，那么这个价值就是一文不值。就像我们向一位想追求低油耗的客户推荐一款车的高运动性能，这不但不会使客户做出购买决定，反而很可能会让他逃离你的销售“服务”。试想，我们不提问题，如何让客户说出其真正的购买理由呢？

2. 提问有助于让你同客户迅速建立信任

美国一份关于公众对销售人员评价的调查报告显示，人们最讨厌的销售人员的形象是：一见面就喋喋不休地谈自己的产品与公司，千方百计地想向顾客证明自己的实力与价值。其实，你越尽快地开始介绍自己的产品，客户就越容易产生抵触心理。

客户会想，你一点都不了解我到底需要什么，我为什么要听你介绍那些不相干的东西？所以，你需要让客户明白，你是真的在关心他，为他的利益着想，而不是总想着从他身上赚钱，你唯一的方法就是，小心地提问并认真地倾听。要知道，一般来说，客户对所有的推销员都是带着抵触心理的。因此，取得客户的信任是你成败的一大关键。

3. 提问有助于控制销售进程

单纯地靠说，并不能使你有效地控制销售进程，只有有效地提问才能让你对销售谈话施加一定控制。这是因为，有效的提问，可以引导顾客的思绪，从而有助于控制销售的进程。比如说，当你和顾客沟通时，发现顾客当时对价格很敏感，你可以通过顾客购买产品，是出于什么样的使用价值考虑，这样的话，当顾客将注意力转移到产品的使用价值方面时，就有助于舒缓顾客当时对价格的敏感。可见，通过灵活地提问，虽然表面上是销售员在听顾客讲话，但实际上，控制销售进程的却是销售员，这显然有助于销售员在销售进程中居于主动地位。

此外，与提问同样重要的是，销售员要知道应该提哪些专业的问题，并有效地倾听。如果销售员把握不好提问的环节，很多时候会有反效果。所以，优秀的销售员总是善于把握恰当的时机，问专业的问题。

销售中的五大提问技巧

在销售中有很多提问技巧，在这里，我们主要看五个销售技巧，希望读者朋友从中有所启发。实际上，只要做过一段时间的销售工作，销售员用心领悟，也可以总结出一些销售提问方面的心得技巧。下面的销售技巧供读者朋友予以参考。

1. 诱发好奇心

这个方法是在见面之初，销售员直接向潜在顾客说明情况或提出问题，并故意讲一些能够激发他们好奇心的话，将他们的思绪引到产品能给其带来的利益方面。比如，一个推销员对一个多次拒绝面谈的顾客递上一张纸条，上面写道："请您给我10分钟好吗？我想就一个生意上的问题征求您的意见。"

假如推销员的这位顾客是一个公司里的采购经理，纸条就会诱发了采购经理的好奇心——采购经理会想：这家伙要向我请教什么问题呢？同时也满足了他的虚荣心——竟然有人向我请教问题！很明显，推销员将被应邀进入了办公室，达到了其想与顾客面谈的目的。

当然，在实际工作中，可能诱发好奇心的提问方法，已被很多销售员使用，甚至变得近乎在给顾客耍花招，一旦顾客发现自己上了当，销售员的计划就可能全部落空。所以，销售员在销售中要立足于真诚，避免频繁使用小计策，因为小计策被人识破时有时会招致对方的反感。

2. "照话学话"法

这个方法是首先肯定顾客的见解，然后在顾客见解的基础上，再用提问的方式说出自己要说的话。比如经过一番劝解，顾客不由说：“嗯，目前我们的确需要这种产品。”这时，推销员应不失时机地接过话头说：“对呀，如果您感到使用我们这种产品能节省贵公司的时间和金钱，那么还要等多久才成交呢？”这样，水到渠成，毫不矫柔造作，也便于顾客自然地买下。

3. 刺猬效应

在各种促进买卖成交的提问中，“刺猬技巧”是很有效的一种。所谓刺猬效应，就是你用一个问题来回答顾客提出的问题，用自己的问题来控制你和顾客的洽谈，把谈话引向销售程序的下一步。我们以保险推销为例，看一看“刺猬反应”式的提问法的具体运用。

顾客：“这项保险中有没有现金价值？”

推销员：“您很看重保险单是否具有现金价值的问题吗？”

顾客：“绝对不是。我只是不想为现金价值支付任何额外的金额。”

这时，如果推销员一味地向顾客推销现金价值，显然不是顾客所想接受的。因此，推销员这时应该向顾客解释“现金价值”这个名词的含义，提高顾客在这方面的认识。在这里，现金价值首先是寿险的一种，针对投保人的死亡进行支付，并且在持保人的生命存续期间积累价值，即增值；一般来说，持保人可以将现金价值作为避税投资，因为该险种的利息和收益不需要交税，还可以传给其继承人，因此该险种被视为永久寿险。假如推销员把现金价值的概念完整地解释给了顾客，有助于延伸顾客在保险方面的认识，同时，推销员扎实的产品知识也有利于给顾客留下好的印象。

4. 单刀直入法

这种方法要求推销员直接针对顾客的主要购买动机，开门见山地向其推销，使顾客措手不及，然后销售员“乘虚而入”，对其进行详细劝服。我们来看下面这个情景：

门铃响了，一个衣冠楚楚的人站在大门的台阶上，当主人把门打开时，这个人问道：“家里有高级的食品搅拌器吗？”

这家的男人怔住了，这突然的一问使他不知怎样回答才好。他转过脸来和夫人商量，夫人有点窘迫但又好奇地答道：“我们家有一个食品搅拌器，不过不是特别高级的。”

推销员回答说：“我这里有一个高级的。”说着，他从提包里掏出一个高级食品搅拌器。接着，不言而喻，这对夫妇接受了他的推销。

假如这个推销员改一下说话方式，一开口就说：“我是某公司的推销员，我来是想问一下，你们是否愿意购买一个新型食品搅拌器？”如果这样问的话，推销员获得的结果很可能是拒绝，这是因为人们普遍对纯粹的推销持一种戒备心理。所以，换一个新的问法，有可能起到奇异的效果。

5. 连续肯定法

这个方法是指推销员所提的问题，便于顾客用赞同的口吻来回答，也就是说，推销员让顾客对其推销说明中所提出的一系列问题连续地回答“是”，等签订单时造成有利的情况，好让顾客再作一次肯定的答复。

比如推销员要寻求客源，事先未打招呼就打电话给新顾客，可以说：“我很乐意和您谈一次，提高贵公司的营业额，这对您一定很重要，是不是？”这种情况下，很少有人说“无所谓”，通常都是肯定的答复。

“好，我想向您介绍我们的一款产品，这将有助于达到您公司的经营目标。您很想达到公司的经营目标，对不对？”这样的话，顾客将一“是”到底，对你的推销连续肯定，不便于拒绝你。

运用连续肯定法要求推销人员要有准确的判断能力和敏捷的思维能力，每个问题都要经过仔细地思考，特别要注意双方对话的结构，从而使顾客沿着推销人员的意图做出肯定的回答。

不可不知的九类问题

我们已经知道了提问的重要性以及提问的若干技巧，我们接下来对要提的问题本身进行一下归纳。在这里，我们归纳了九类问题，以供读者朋友参考。

1. 引导型的问题

引导型的问题里面有一个技巧，即“先陈述一个事实，先用一种话术，先做一个预先的框式”。那么，预先的框式有什么作用呢？这有助于把答案提前框住。我们来看一个培训机构老师给学员说的话：“今天晚上的课程上到这个时间会非常的合适，因为会帮助大家做最好的休息，吃到更好的晚餐，能为明天准备更好的精力。所以，我们现在下课会比今天晚上学到九点、十点效果更好，因为我们的时间更有生产力，学习效果会更好！各位，你们说是不是？”这里就用了一个预先框式，引导出讲话者想要的回答。

2. 选择式的问题

比如：“我会告诉布鲁斯，是让他给你回电话还是我现在给你做点什么？”二选一的问题，顾客任选其一都未超出销售员预期的结果范围。一个二选一的问题或者说选择式的问题，可以限定顾客的注意力，要求顾客在限定范围内做出选择，让自己而不是让顾客掌握主动权。当然，除了二选一，还可以三选一甚至多选一，无论顾客怎样选，都有利于销售员掌握主动权。

3. 推测型的问题

我们经常会遇到顾客的预测和有意向的推测，销售员可以根据这种推测提供一个有建议性的问题。问话的力量往往比说话的力量更大，更有强劲的势头。

4. 反问型的问题

反问型的问题是让顾客自己解释反对性的理由。比如下面的对话：

销售员："我想您不反对我下次再来青岛，咱们进一步开展一些合作吧？"

顾客："好。"

销售员："谢谢。假如以后能有机会再与您合作，您难道不觉得可能会帮助您公司建立更多的客户群吗？"

销售员最后的提问是一个典型的反问型问题，这种情况下，客户很难拒绝，通常是肯定的答复，便于销售员和顾客进一步的沟通。

5. 离题型的问题

这是指跟客户说一些不着边际的问题。比如客户问了你许多问题，你突然问一句："你吃晚餐了没有？"客户的思路突然被你打断了，这种问法叫作"打断思维联结"，从而使销售谈话的主动权再回到销售员手中。

6. 开放型的问题

举个例子看一下，销售员问："黄总您好吗？"客户回答："很好！"

在这个对话中，销售员是问客户"身体好、工作好、心情好？"还是什么好呢？显然客户不知道销售员在问自己哪一个好。当然，客户回答"很好"，销售员也不知道客户是回答说哪里好。一般来说，开放型问题通常是交流泛泛的信息，便于交谈双方开启谈话，这通常适用于销售员与客户彼此还不太熟悉的时候。

7. 特定型的问题

比如你问一个培训机构的销售员："你最近在做些什么？"对方回答："做培训课程！"这里问的就是一个特定型的问题，一般来说，特定型的问题通常有特定性的答案。

8. 装傻型的问题

有一次，顾客本来要在电话里拒绝一个销售员，销售员说：“对不起，我刚才什么都没听清楚，信号不太好。要不您过两天再打到我们公司。”其实，销售员明知顾客要拒绝，却假装不知道；顾客会觉得很焦急，一般还会打电话给销售员。这时，销售员就给自己找到一次跟顾客恢复和谈的机会。所以，有时候，销售员使用一些装傻型的问题牵住顾客，可以按照自己的思路去走，而且越走越正确，越走越靠近销售成功。

9. 摘要型的问题

摘要型的问题就是根据顾客所讲的话、顾客所谈的事情，以及顾客在整个谈话过程中所谈论的重点，从中摘出一段来做问话的方式。也就是将你听到的内容作一个摘要，以证实你真的了解顾客真正的需求。

比如，销售员这样问：“你是说你正在寻找一家信誉良好，而且认真负责的供应商来满足您的需求，是吗？”这时，销售员会发现，摘要型的问题是在重复对方的讲话，而且再次给他确认，并且跟他做回应。通常情况下，摘要型的问题一定要做到非常的准确而且重点，才能得到顾客的再次确认。

靠会问获得60万年薪的销售员

“90后”的销售员小琴从小在农村生活，后在西安某大专院校学习国际金融专业。毕业后，小琴对自己的未来很迷茫，不清楚自己的目标，2010年误打误撞地加入销售行业。三年时间，她就让自己的年薪达到了60万元。

在同学们问起她取得这个成就的原因时，她的总结很简单：我掌握了提问的要领和技巧，而提问的能力决定了销售人员销售能力的高低。

那么，我们站在一线销售人员的角度，来看下小琴总结的提问心得。按照小琴的看法，销售人员要明确提问时，到底应该问什么，具体应该怎么问？下面的做法都是小琴获得年薪60万元的秘诀。

1. 利用提问导出客户的说明

在销售对话中，为什么你总是感觉被动？原因通常是你总是在说，而你的客户总是在问。很多销售员在培训时被告知要迎合客户的需求，却忽略了要引导客户的需求，结果客户一个劲地问，弄的销售员疲于应付，狼狈不堪。

销售员们虽然累，但内心却很高兴。他们以为客户的问题都老实交代了，结果自然会“水到渠成”。然而，销售员意料错了，客户一直在提问是在探你的底牌。而你不知道客户真正关心的是什么、主要的问题在哪里，被客户牵着鼻子走，你的回答又怎能切入客户的要害呢？

而且，你一直在说，没有问，给客户的感觉是你在对他进行强迫式推销，一味地施加压力。客户之所以愿意和你谈话，是期望你可以在你所擅长的专业方面给出建议。就像医生一样，你要对现状进行诊断，而诊断的最好方式就是有策略地提问。

2. 利用提问测试客户的回应

当你非常用心地向客户解释一番之后，你迫切地希望了解客户听进去了多少、听懂了多少、他的反应如何？一般的销售员通常滔滔不绝一大堆之后就用论述结尾，而且没有下文。这个时候，客户的表现通常是“好，我知道了，改天再聊吧”或者“我考虑一下再说”等。实际上，如果你在论述完后，紧接着提问“您觉得怎么样呢”或“关于这一点，您清楚了吗”，效果就会好很多，客户至少不会冷冰冰地拒绝你，提问给了客户阐述他想法的机会。

3. 利用提问掌控对话的主动权

谁掌握了谈话的主动权，谁就掌握了销售的走向。一般而言，在以客户为中心的顾问式销售循环中包含着两个相辅相成的循环，分别是客户的心理决策循环与销售员的销售行为循环。销售员要积极地通过提问，推动销售对话的进展。

比如在开场阶段，销售员通常需要以好奇性的提问开头，如“我可以请教您一个问题吗？”在客户信息收集阶段，销售员利用状况性提问收集客户信息，如“您是怎样进入这个行业的呢？”等；在确认需求阶段，销售员可利用诊断性提问建立信任，确立具体细节，如“您是需要大型的服务器还是小型的办公电脑设备？”销售员还可以利用聚焦性提问来确认，如“在某方面，您最担心的是什么呢？”

在阐述观点阶段，提问的作用在于确认反馈和增强说服力，销售员可以问“您觉得怎么样呢？”在谈判成交的阶段，提问的作用在于处理异议和为成交做铺垫，成交阶段通常用假设性的提问方式在试探，如“如果没有其他问题的话，您看什么时候可以接受我们的服务呢？”这是一个进可攻、退可守的问题。提问之后，注意停顿，保持沉默，把压力抛给客户，直到客户说出自己的想法。切记，提问之后不要先开口或自问自答。

4. 提问是处理异议的最好方式。

异议的产生有两个原因，一是源于人类本身具有的好奇心，二是由于你没有解释到位，客户没有完全听明白。从好奇心角度来说，人类的好奇心理是无止境的，如果你碰到一个“打破砂锅问到底”的客户，那你可要注意应付了，要用心地回答客户的问题。

如果我们不善于用提问，只会一味地说和解释，将一直处于“被动挨打”的地位。当客户提出一个问题，你可以尝试地反问对方：“您这个问题提得很好，为什么这样说呢？”这样你就可以“反守为攻”，处于销售的主动位置。

当客户没有完全听明白的时候，他通常会表现为沉默不语、迟疑不决或干脆逃避、假装一知半解，诸如“不需要”“考虑看看”“把资料留下来，以后再说”的借口就频频出现了。这个时候，你提问的作用关键是探询客户了解的程度，例如“对于这一点，您的看法如何呢？”或“那没关系，您为什么这样说呢？”多问几个“为什么”，然后在最难以理解的环节利用渗透性来提问，如“还有呢”等，以获取客户潜在的更多信息。

当然，我们学习他人优秀的提问方式，并非完全“照葫芦画瓢”，而是从中体味提问的原则和智慧。总之，销售行业中没有固定的提问模式，销售人员要根据提问原则，具体情况具体分析，具体客户具体对待。

提问与倾听：销售的两项基本功

一次成功的销售谈话通常需要销售员提出能打开客户心扉的问题，然后用心倾听客户说话。可以说，提问和倾听是销售过程中最重要的内容，也是销售员必须要掌握的两项基本功。销售员把有力的提问和有效的倾听结合起来，就具备了发现事实和需求、并且以适当的回答推动潜在客户做出购买决策的能力。因此，优秀的销售员常是善于提问和倾听的人。

我们前面已经介绍了很多关于提问的知识与技巧，销售员有了提问，自然少不了倾听。对很多人来说，倾听似乎很容易，但有效的倾听并非任何人都能做到。这是因为，我们在倾听客户谈话时常会受两个主管因素困扰，一个是在倾听之前就形成了自己的主观意见，想好了准备说什么，另一个是在对方没有全部讲完之前就决定了怎么做。

上述两种主观意识均不利于有效倾听。我们接下来看下面的一个小故事，从而了解有效倾听的重要性。

美国知名主持人林克莱特有一天访问一个小男孩。林克莱特问这个小男孩说：“你以后长大了想要当什么呀？”

小男孩天真地回答：“嗯……我要当飞机的驾驶员！”

林克莱特接着问：“如果有一天，你的飞机飞到太平洋上空时，所有引擎都因燃料耗尽而熄火了，你会怎么办？”

小男孩想了想：“我会先告诉坐在飞机上的人系好安全带，然后我挂上我的降落伞跳出去。”

听到小男孩的回答，当在现场的观众笑得东倒西歪时，林克莱特继续注视着这个孩子，想看他是不是一个自作聪明的家伙。没想到，孩子的两行热泪夺眶而出，似乎受了很大的委屈。

于是，林克莱特接着问这个小男孩：“你为什么要这么做？”

小男孩的答案透露出一个孩子真挚的想法：“我要去拿燃料，我还要回来！我还要回来！”

这时，现场的很多观众才恍然大悟，对这个小男孩报以热烈的掌声。

从这个小故事中，我们可以审视下自己，在你听别人说话时尤其是听客户说话时，你真的听懂他们说的意思了吗？千万不要在对方说完以前就想当然地做出自己的结论，如果你还未听懂别人真正的意思，就请听对方说完再做结论。

所以，我们在听客户回答问题时，切忌话听到一半就匆匆下结论，或者是未等客户说完、就把自己的意思投射到对方的话头上，这样很可能会使我们曲解对方的真实意思，从而不利于沟通的继续。

因此，在销售中，销售员主动提问可以有效地搜集客户信息，发现客户的独特买点，挖掘客户的当下及潜在需求；同时还有助于树立销售员专业的销售形象，从而建立客户的信任度。另外，主动提问体现了销售员对客户的关心，在一定程度上也可以证明对你客户的购买行为持尊重态度。

销售员在倾听客户讲话时要明确自己倾听的目的，即一是为了更准确地了解客户的需求，找出引发客户购买的关键因素，二是为与客户建立相互信任的良好的合作关系，三是避免重复发问。

销售员在倾听客户谈话时有两点注意事项，一是不要打断客户的话，否则你会漏掉客户的讲话重点，从而错过潜在的销售机会，另外，打断客户的发言往往会引起对方的反感；二是要及时对客户进行判断，并对判断予以持续修正，以了解清楚客户的真实用意。

再者，销售员在倾听客户的谈话时，要适当地摘要复述客户说话的意思，也不能因为是倾听就一言不发地听，通过适时、适度重复客户的话，表示对客户说的话了解与尊重；销售员对客户讲话表示出适度的赞扬和理解也有助于提升双方交流的融洽度。此外，在有条件的情况下，销售员还可以在倾听的同时，适当地记录客户传递的重要信息。

总之，提问和倾听是销售员在销售工作中的两项基本功，务必要用心揣摩和学习。

听出玄机

中国有句俗话说："会说的不如会听的。"的确，倾听对销售具有极大的促进作用：在销售洽谈过程中，销售人员的积极倾听可以使顾客感到被尊重，从而赢得顾客的信任和好感；可以缓解紧张关系，改善沟通；可以消除顾客的压力；可以准确了解顾客的需求和欲望，以及潜在的、销售之外的需求……正因为此，我们发现顶尖销售人士在与客户的沟通中通常会花至少60%的时间在倾听上。

的确，在销售谈判中，产品是销售双方谈判的基础。但很多时候，客户在产品以外的需求对成交也有着积极甚至重要的作用。这在产品高度同质化的今天来看，通过倾听找到客户更多的需求，并有效地、合理地满足它，在很多时候将决定销售的成败。

以自动化控制系统、特种材料及交通和动力系统等产品闻名的世界500强企业霍尼韦尔在台湾地区有一位杰出的销售经理。有一次，这位销售经理把销售目标锁定在了同为世界500强的荷兰帝斯曼化工，并参与其工程项目的招投标。

这次的招投标竞争异常激烈，客户方的负责人是一位资深的留法化学博士，专业背景极其深厚，对供应商的挑选也十分谨慎、苛刻。几家候选的供应商中，霍尼韦尔因报价偏高，获胜机会已不大。

有一次，在客户的工作餐上，那位留法化学博士无意中说起了一件事：最近女儿一直缠着他要麦当劳的儿童玩具，而想得到这种外面买不到的玩具顾客就必须在麦当劳点一份儿童套餐，而且每天配额有限，先到先得。博士说自己因为工作忙脱不开身，没法满足女儿的心愿。

一段寻常的家事在霍尼韦尔的销售经理耳中却绝非寻常。当晚回到住所，他给自己团队的所有成员打电话，要他们明日一早到就近的各处麦当劳店排队，买儿童套餐、拿玩具。由于当时麦当劳的促销活动已近尾声，而且不是每家店都有玩具赠送，因此销售经理还专门雇人排队。

仅隔一天，霍尼韦尔的销售经理再次来到帝斯曼公司，亲手将排队得来的麦当劳玩具送到了前台转交，而且没有惊动那位博士。几天后，当这位销售经理有机会再次与客户见面时，博士主动走上前来，拍了拍销售经理的肩膀，微笑地说了一句：“谢谢你的玩具。”

结果，霍尼韦尔拿到了这笔订单。

可见，销售员在销售活动中要想更多地获得客户的信息，尤其是在关键时刻能够打动客户的信息，离不开专注的倾听。只有专注于倾听，才能丰富对客户的研究，为自己赢得更多的销售机会。所以，倾听是一种能力，一种素质，一种思维习惯。良好的倾听能力是人们获取知识的主要途径之一，有着非凡的价值。

再者，真正的倾听，要用心、用眼睛、用耳朵去听，是一种全方位地去听。一般来说，要想获得好的倾听效果，需要你对别人感兴趣，问别人喜欢回答的问题，鼓励别人谈论自己以及其所取得的成就。不要忘记与你谈话的人，因为他对自己的一切比对你的问题要感兴趣得多。

因此，倾听需要做到耳到、眼到、心到，从倾听中发现更多的商机，有时甚至是决定销售成败的最后一根稻草，倘若能够做到会倾听，你在发起销售“攻击”时就能更加有的放矢，从而掌握销售的主动权。

倾听的三个层次

我们接下来对倾听进行研究。按理说，倾听是每个人的一项很普通的日常行为，但实际上，不同的“倾听”又会带来截然不同的结果。在此，我们学习一下三个层次的倾听，从而力争做到高层次倾听。

第一个层次，边际倾听。即注意力不集中，容易走神，想自己的事情。

在这个层次上，听者完全没有注意说话人所说的话，假装在听，其实却在考虑其他毫无关联的事情，或内心想着辩驳。听者更感兴趣的不是听，而是说。这种层次上的倾听，导致的是关系的破裂、冲突的出现和拙劣决策的制定。

在销售中，处于该倾听层次的销售员，并未能够真正理解顾客的真实需要，因而也就无法从中发掘商机。不仅如此，销售员在倾听时的随意性，也会使顾客有种不受尊重的感觉，从而使得顾客难以对销售员产生好感。

第二个层次，评价性倾听。即销售员虽然在听，但没有真正去接受和试图理解顾客讲话发出的信息，而是在组织陈述，把精力用在准备回答上。

通常情况下，人际沟通实现的关键是对字词意义的理解。而在倾听的第二层次上，听者主要倾听所说的字词和内容，但很多时候还是会错过讲话者通过语调、身体姿势、手势、脸部表情和眼神所表达的意思。这将导致误解、错误的举动、时间的浪费和对消极情感的忽略。

另外，由于听者是通过点头同意来表示正在倾听，而不用询问澄清问题，所以说话人可能误以为所说的话被完全听懂理解了，但实际上听者仍然缺乏对说话人真实意图的深度理解，因而在销售中就难以给顾客提供最具实施性的产品解决方案，也就难以从根本上打动顾客购买的决心。

第三个层次，积极倾听。即设身处地、听话听音，从对方说话中发掘真实的说话动机。

处于这一层次的人表现出一个优秀倾听者的特征。这种倾听者在说话者的信息中寻找感兴趣的部分，并将此作为获取新的有用信息的契机。高效率的倾听者清楚自己的个人喜好和态度，能够避免对说话者做出武断的评价或是受到过激言语的影响。好的倾听者不急于做出判断，而是感同身受对方的情感。他们能够设身处地看待事物，更多地使用询问而非辩解。

一般情况下，优秀的销售员都是努力达到较高的倾听层次，从而实现与客户的高效沟通。高层次的倾听通常需要遵守如下原则：

一是要专心。销售员通过非语言行为，如眼睛接触、某个放松的姿势、某种友好的脸部表情和宜人的语调，建立一种积极的沟通氛围。如果你表现出留意、专心和放松，那么对方就会感到被重视和心理安全感。

二是要对客户的需要表示出足够兴趣。当你带着理解和相互尊重的态度进行倾听时，才能表现出对客户的需要非常关注；你的这种关注会让客户觉得你是一个有责任心的人，也更愿意将自己购买的疑惑向你倾诉。

三是以关心的态度去倾听。就像是一块共鸣板，让说话者能够试探你的意见和情感，同时觉得你是以一种非裁决的、非评判的姿态出现的。不要马上就问许多问题，因为不停地提问给人的印象往往是听者在受问题的“炙烤”，可能会引起客户的反感。

三是表现得像一面镜子。反馈你认为对方当时正在考虑的内容，总结说话者的内容以确认你完全理解了他所说的话；人们在谈话时最担心“对牛弹琴”，自己说了很多，对方却听不明白。因此，及时的反馈便于对方知道你理解到了什么程度，也便于谈话的继续进行。

四是避免先入为主。这主要发生在你以个人态度投入谈话时，因为以个人态度投入一个问题时往往导致愤怒和受伤的情感，或者使你过早地下结论，容易显得武断，既不便于谈话的正常进行，也不便于良好地倾听。

五是多使用口语做回应。比如使用简单的语句，如“呃”“噢”“我明白”“是的”或者“有意思”等，来认同对方的陈述；通过说“说来听听”“我们讨论讨论”“我想听听你的想法”或者“我对你所说的很感兴趣”等，来鼓励说话者谈论更多的内容。

总之，销售员应该努力培养自己高层次的倾听能力。为此，销售员可以通过揣摩上述倾听原则，养成良好的倾听习惯，并将其内化为自己的倾听能力，这样的话，你就会距离成功的销售者越来越近。

倾听是一门精致的艺术

乔·吉拉德曾将倾听归纳了12条法则，分别是：

（1）把嘴巴闭起来，以保持耳朵的清明；

（2）用你所有的感官来倾听，别只听一半，要了解完整的内容；

（3）用你的眼睛倾听，目光持续地接触，这样会让客户感到你在认真倾听他所说的每一个字；

（4）用你的身体倾听，运用肢体语言来感受，可倾身向前，脸上保持全神贯注的神情，表示对讲话者的专注；

（5）当一面镜子，别人微笑时，你也微笑，他皱眉时，你也皱眉，他点头时，你也点头；

（6）要打岔，以免引起别人的烦躁和不快；

（7）避免外界的干扰；

（8）避免分心；

（9）避免视觉上的分神；

（10）集中精神，随时注意别人，不要做其他分散精力的事；

（11）倾听弦外之音，通常那些没有说出来的部分比说出的部分更重要，要注意对方的语调、手势的变化；

（12）别做光说不练的人，把仔细倾听当成你的行动之一，善于倾听，你会更受欢迎。

在乔·吉拉德看来，倾听是一项精致的艺术，这意味着销售员在倾听客户的谈话时需要专心致志。任何销售员，哪怕是世界上最伟大的推销员乔·吉拉德，在倾听客户谈话时都不能有丝毫的懈怠，在这方面，乔·吉拉德有过深切的际遇。

那是乔·吉拉德在做汽车推销员时，一位很有名气的承包商找到乔·吉拉德，要从他这里买车。这位承包商是一个典型的白手起家的人，受过的正规教育并不多，几乎完全是靠坚持自己的目标、辛勤努力而成功的。

乔·吉拉德介绍了一款顶级车型给这位承包商，还带客户去试了车。最后，在双方都已基本谈妥的时候，乔·吉拉德把笔和空白合同交给了客户，这位客户却犹豫了，并表示暂且不购买，离开了乔·吉拉德。

乔·吉拉德有个习惯，那就是在每天下班后都会把自己一整天做的事回想一遍，看有没有哪里做错什么，或者哪里有待进一步提高。在那天晚上，乔·吉拉德一直在想自己哪里做错了，可仍然没有想出来答案。于是，乔·吉拉德忍不住给那位承包商打了个电话。

乔·吉拉德说："今天我试着要卖车给你，我觉得自己已经要销售成功了，可是你却走了出去。请问其中的原因是什么呢？你能告诉我哪里做错了吗？"

"你是当真想知道吗？"客户问。

"是的，当真。"乔·吉拉德回答。

"好，你现在正在仔细听吗？"客户又问。

"是的，洗耳恭听。"乔·吉拉德回答。

"可是你今天下午并没有认真地听。"客户这样告诉乔·吉拉德。原来，客户当时已经决定要向乔·吉拉德买车，但却在签名的那一刻有了一丝犹豫，毕竟那是一款10万美元的昂贵汽车。

为了缓和自己的情绪，客户当时给乔·吉拉德聊起了自己的儿子，叙述着儿子的所有表现、学业成绩、老师眼中的好学生、运动全能，看得出，客户为自己的儿子而骄傲。当客户说起这些的时候，乔·吉拉德一点也记不起来客户在白天曾经给自己说过这些话，原来乔·吉拉德当时并没有听进去客户儿子的情况。

客户觉得，乔·吉拉德那时给他的感觉是：只忙着买车，一旦能把车卖出去，仿佛对客户所说的话就不再感兴趣。这也使得客户当时也对乔·吉拉德失去了兴趣，并导致了成交的失败。从这次谈话中，乔·吉拉德进一步感到销售人员把自己"卖"给顾客的重要性，也发现了倾听是一项精致的工作，来不得半点马虎。

通话结束时，乔·吉拉德对客户说：“谢谢你帮了我。你教会我很多，我很抱歉今天下午没仔细听。”

通过这件事，乔·吉拉德再次认识到了仔细倾听的重要性，也深切地感到，如果一个销售人员在这方面做不好，将意味着失去一个又一个订单。

后来，那位承包商又来到了乔·吉拉德工作的汽车销售店，并从乔·吉拉德那里购买了汽车。在这笔生意中，乔·吉拉德十分感谢客户给自己上了一堂销售中极其重要的课，那就是：倾听，决定销售的成败。

第五章

★★★★★★★★★★

口才与气场

★★★★★★★★★★

用口才营造气场

在与客户沟通时，提问和倾听可以说是沟通的基础；我们还要在销售的不同阶段，通过语言传递给客户某种讯息，从而把自己成功地推销给顾客，为产品销售打下基础。在这里，销售人员就要懂得如何说话，才能够营造出便于销售进展的气场，这就需要销售人员具备一定口才。

正如一句俗话所说：“买卖不成话不到，话语一到卖三俏。”可见，好口才不仅是你成功销售的助推器，也是你施展个人魅力的制胜法宝。在实际工作中，口才运用得当，有利于你在谈话中营造一个好的气氛。

熊经理是做工业品销售的。有一次，他的一个客户过生日，请了不少同行来聚会，熊经理也在被邀请之列。在参加生日宴会时，有一个客户特意穿了件以前去香港旅游时买的一件乳白色的蚕丝衬衫，自我感觉很好。

酒宴中，一个人对那个穿蚕丝衬衫的客户突然说：“哥们儿，这衬衫可过时了啊！什么年代的东西啊？看，上面疙疙瘩瘩的！”那位客户听后，脸色显得很不好看，但又不便于发作，瞬时，酒宴中的气氛凝重起来，举办生日聚会的客户也觉得很尴尬，说话鲁莽的那个人也顿觉有些失口。

这时，熊经理赶紧站起来打圆场，对那个失口的朋友说：“朋友你这就外行了吧！这可是蚕丝衬衫，价格贵着呢！这种衬衫不会有褶皱，不管多少年，照样跟新的一样。”于是，酒宴上的其他人也立即附和着，纷纷称赞那位客户的衬衫珍贵而漂亮。那位失口的人讪讪一笑，为自己的失口找了个台阶下，穿蚕丝衬衫的那位朋友挽回了面子，酒宴又恢复了欢快的气氛，过生日的那位客户也对熊经理传递了一个谢意的眼神。

可见，口才在工作与生活中都起到很重要的作用，尤其在人际交往中，好口才有助于给别人留下好的印象，以成功地将自己推销出去。通常来说，一个好口才的人说出来的话大都能拨动人们的心弦，如同具有一种魔力操纵着人们的情绪。据统计，现代人必须掌握的技能中，口才或沟通能力已经排在电脑、外语、驾驶等技能的前面，足见口才的重要性已经到了举足轻重的地步。

不得不承认，我们所处的时代已经是一个越来越注重“说”的时代，比如竞争职位、应聘面试、推销业务、领导别人、甚至谈恋爱……都要有口才。社交的成功往往是口才的产物。口才是一门语言的艺术，是用口语表达思想感情的一种巧妙的形式。懂得语言艺术的人、懂得相处之道的人不会勉强别人与自己有相同的观点，而是能巧妙地引导他人到自己的思想上来。那些善于用准确、贴切、生动的话语来表达自己思想感情的人，办事的时候往往圆满，反之，不懂得语言艺术的人往往使自己陷入困境。

不仅如此，一个人是否能掌握好的口才，会对自己的事业前程有甚远的影响。对于一个销售人员来说，能否良好地运用口才将影响自己的销售业绩；对很多人来说，能否较好地运用口才会直接影响人际关系。如果一个人不懂说话，不懂社交，又怎能很好地与人合作呢？据统计，公司里被炒鱿鱼或主动离职的人大部分都是因为没有处理好人际关系，而好的人际关系又与口才的掌握和运用程度有关。

通常情况下，一个会说话的人，可以流利地表达出自己的意图，也能够把道理说得很清楚、动听，使别人乐意接受。对于销售员来说，有时候还可以立刻从问答中测定对方语言的意图，从对方的谈话中得到启示，了解对方，与对方建立良好的友谊。但是，我们常看到许多不会说话的人，他们说话不能完全表达出自己的意图，往往使对方听起来费神，而又不能使人信服地接受，这就造成了一种交际上的困难。

总之，口才好的人可以顺畅地表达自己的意图，营造一个好的沟通气氛，别人听后会乐意接受；另外，口才好的人还可以从谈话中知悉对方的意图，从中得到启示，了解对方并与之建立友谊，从而在各种各样的人际交往中游刃有余。

做销售就要会说话

说话每个人都会，但要把话说好却并不是那么容易，会说话是销售人员做好沟通的前提。我们平时所谓的“会说话”，就是在恰当的地点、恰当的时机，对恰当的人说出恰当的话。

说好话要讲究一定的艺术，也就是表达的艺术，同样的意思用了不同的表达方式，就会有不同的结果，这就是说话的技巧。可以说，掌握一定说话技巧是销售人员的有力武器。

有一家公司研制生产了一种空调，让两个推销员去推销。一个推销员一天卖了两台，另一个推销员一天卖了三十多台。差别在哪里呢？在于是否会说话。通常，会说话的推销员能比其他人多卖更多的东西！那么，这两个推销员见了顾客后，都是怎么与客户沟通的呢？

卖了两台空调的推销员见到顾客时说：“先生，你买空调吗？我们这种新生产的空调可好了，您买吧！”顾客说：“我不买。”于是，这个推销员便扭身就走，连招呼也不打，直奔下一个顾客，用同样的话去问顾客。一天下来，这个推销员问得口干舌燥，结果问了很多人，碰上两个当下急需买空调的客户，才算勉强卖出去两台。

卖了三十多台的推销员见了顾客时，是这样说的：“先生，请问您忙不忙？您要不忙的话，我向您介绍一下我们最新生产的空调。这个空调的所有功能，与过去所有的空调都不一样，它不仅能够杀菌，而且还能过滤空气，能自动定时关闭，能自动调温。这个空调在市场上现有的空调产品中，质量是最好的，功能也最齐全，而且价钱还比所有的空调都便宜。别人承诺可以保修两年，保修三年，我们则能保修五年，有良好的售后服务做支撑。先生，您可以试一试，就是先免费使用几天都可以。”顾客听了这位推销员的推销，又看看空调的确不错，感觉与其免费使用几天，还不如直接买一台，也会省些事儿，再者，空调的保修年限也较长。这样，一天下来，这个推销员轻轻松松地卖出去三十多台空调。

可见，对于推销员和搞营销的人来说，是否会说话往往直接决定了交易的成败。

实际上，无论事情大小，会说话都有利于助你成功，加速你的成功，在关键时刻甚至起到决定性的作用。有一位国外名人曾说：“眼睛可以容纳一个美丽的世界，而嘴巴则能描绘一个精彩的世界。”的确，精妙、高超的语言艺术往往魅力非凡。为此，欧美等发达国家早就把“舌头、金钱、电脑”并列为三大法宝，口才也被公认为现代领导人必备的素质之一。

于是，西方哲人便有了这样的总结：“世间有一种成就可以使人很快完成伟业，并获得世人的认识，那就是讲话令人喜悦的能力。”可以说，语言是思想的外化，是必不可少的交际工具。

我们提倡在适当的时候说适当的话，还要注意的一点是，要根据说话对象的不同说对方能够听懂的话，便于对方接受的话。在这方面，IBM公司的前营销副总裁弗朗西斯·巴克·罗杰斯为我们做了典范。巴克是一个乐于随时随地推销自己的人，他发现使用别人容易听懂的语言去说话是很重要的。比如说，巴克在和客户沟通时很少使用关于IBM产品方面的专业词汇，尽管巴克本人了解这些词汇的含义。一般来说，巴克在与客户交流时更倾向于使用“能为客户提供问题解决方案”的语言，而这些产品功效也正是客户所需要的。因此，巴克的话总能引起客户的兴趣。

另外，在如何把话说好这个问题上，乔·吉拉德也曾给出过一些建议，我们不妨做个参考。乔·吉拉德认为，销售人员在说话时，应该多用有“推动性”含义的字眼，即人们喜欢听的字、能给人留下好印象的字，如“您”“拜托”“谢谢”等。与此相对应的是，乔·吉拉德认为，销售人员在说话中要减少“抑制性”的字眼，因为通常情况下，人们听到抑制性的字眼会产生离去的冲动，这些字眼有“我的”“等一下”“或许”“可能”等。

乔·吉拉德还认为，销售人员应该避免说绕口、晦涩难懂的字，要多使用简单的字眼，比如，酒精还叫“乙醇”，我们如果给客户说“酒精”，客户一般会很容易知道我们说的是什么，但如果我们说“乙醇”，可能会让一些客户茫然；销售人员在说话时，还应该杜绝说一些容易引起别人敏感的字眼，如谈论别人的收入情况、家庭隐私等。

总之，销售员一定要会说话、说好话，只有这样，才能在关键时刻把自己成功地推销出去。

让礼貌用语成为习惯

在现实生活中，我们经常会碰到这类情况：一句诚实、有礼貌的语言，可以平息一场不愉快的争吵；一句粗野污秽的话，可能导致一场轩然大波。我们平时听说的“一句话能把人说跳，一句话也能把人说笑”“良言一句三冬暖，恶语伤人六月寒”就是这个道理。言语是思想的衣裳，谈吐是行动的羽翼。它可以表现出一个人的高雅，也可以表现出一个人的粗俗。言谈高雅即行动之稳健，说话轻浮即行动之草率。

作为销售人员，在与顾客交谈时，要时刻牢记礼貌用语，将礼貌用语形成日常习惯。这样的话，既可以向顾客传递出自己良好的职业形象，也便于处理同顾客之间恰当的关系。

钟先生路过某汽车4S店时，看到店前的条幅上写着“进店即赠礼品，部分车型附送价值5000元大礼包”，于是，钟先生怦然心动，走了进去。钟先生在店里看了多个车型，还打算再试驾一个车型，这时发现已快到晚上六点了，汽车4S就要结束营业了。

于是，钟先生只好从车里出来，依依不舍地打算离去。这时，一位汽车销售员问道：“先生，这辆车您不满意吗？”

钟先生说：“初步感觉，倒是满意，只是你们快要下班了，恐怕来不及试驾。”

汽车销售员回答道：“先生，您尽管放心试驾，我们都会耐心等您的。”

钟先生试驾结束时，已经超过了汽车4S店的下班时间，而整个展厅的汽车销售人员却依然坚守岗位，客户却只有他一位。钟先生临走时忍不住问：“你们不怕耽误下班吗？”

这位汽车销售员微笑着回答：“不会的，服务好每一位客户，既是公司的规定，也是我们应该做的。”

从4S店走出来的时候，门口还有两名迎宾在送客，伴随着迎宾的“谢谢，欢迎再次光临！”那礼貌、真诚、愉悦的声音令钟先生十分感动。没多久，钟先生就在这家4S店里买了一辆车，并将他在这里的待遇告诉了很多朋友，为这家4S店介绍了更多的客户。

从这个案例中，我们可以看出，销售员对顾客的礼貌要自始至终，唯有这样才能算是“礼貌服务”。我们平时在生活中不难发现，有很多销售人员的礼貌，总是难以做到始终如一，这也就是为什么优秀的销售员总是较少的缘故。

对于销售人员来说，要把自己销售给顾客，就要让自己表现得有修养，而礼貌在其中占据着很大的比重。

当然，销售人员的礼貌用语常会配置以适当的体态语言，以及得体的着装等，从而达到更好的效果。接下来再介绍几种体态语言，帮助销售员与顾客交流时，言谈举止更加自然而得当。

1. 眼神礼仪

眼睛是大脑的延伸，大脑的思想动向、内心想法等都可以从眼睛中看出来。销售人员不能对关系不熟或一般的人长时间凝视，否则将被视为一种无礼的行为；销售人员与新客户谈话时，眼睛要看对方眼睛或嘴巴的“三角区”，标准注视时间是交谈时间的30%～60%，这叫“社交注视”；眼睛注视对方的时间超过整个交谈时间的60%属于超时注视，一般使用这种眼神看人是失礼的；眼睛注视对方的时间低于整个交谈时间的30%属于低时型注视，一般也是失礼的注视，表明销售人员的内心自卑或对客户本人及说的话都不感兴趣；眼睛转动的幅度与快慢都不要太快或太慢，眼睛转动稍快表示聪明、有活力，但如果太快则表示不诚实、不成熟、给人轻浮、不庄重的印象，如“挤眉弄眼”“贼眉鼠眼”指的就是这种情况，但是，眼睛也不能转得太慢，否则就是“死鱼眼睛”；恰当地使用亲密注视，和亲近的人谈话，可以注视他的整个上身，这叫“亲密注视”。

2．手势礼仪

很多手势可以反映人的修养、性格，所以销售人员要注意手势的幅度、次数、力度等。手势礼仪一般要求大小适度。在社交场合，手势的上界一般不应超过对方的视线，下界不低于自已的胸区，左右摆的范围不要太宽，应在人的胸前或右方进行。一般场合中，手势动作幅度不宜过大，次数不宜过多，不宜重复。

3．接送礼仪

接待人员要着装整齐，站立挺直，不可叉腰、弯腰，走路要自然、稳重、仪表堂堂、目光炯炯；车辆到达时，接待人员应迅速走向汽车，微笑着为客人打开车门，向客人表示欢迎；陪客人进入会场时，要把墙让给客人，即客人安排到里面，你站在外面，你在左，客人在右；进入房间时，如果客人不认识路，引导者在客人左前方1～1.5米，身体侧向客人，引导前行，如果客人认识路，则客人在前，主人在后；进出门时，客人先进、先座、先起、先出门等。

4．握手礼仪

握手是在相见、离别、恭贺或致谢时，人们相互表示情谊、致意的一种礼节，双方往往是先打招呼，后握手致意。握手的顺序是，主人、长辈、上司、女士主动伸出手，客人、晚辈、下属、男士再相迎握手；握手时，要紧握对方的手，时间一般以1～3秒为宜。过紧地握手或是只用手指部分漫不经心地接触对方的手都是不礼貌的。握手时，年轻者对年长者、职务低者对职务高者都应稍稍欠身相握；握手时双目应注视对方，微笑致意或问好，多人同时握手时应顺序进行，切忌交叉握手等。

总之，养成礼貌用语和采用恰当体态语言的习惯，有助于在客户面前展示销售人员良好的职业形象，有助于销售人员成功地把推销出去自己。

开口说好第一句话

赤壁之战中，鲁肃会见诸葛亮的开场白是：“我，子瑜友也。”子瑜是诸葛亮的哥哥诸葛瑾，与鲁肃是忘年之交，又共同效力于“老板”孙权，所以鲁肃和诸葛亮的哥哥诸葛瑾相当于是“同事”。这样一来，鲁肃与诸葛亮攀上了关系，也随之拉近了双方的距离。那么在销售中，销售员能否快速赢得顾客的好感，与顾客拉近距离，第一句开场白也很重要。因此，这就需要销售人员即使做不到口吐莲花，至少也要让别人听了后心里感到非常舒服。

可见，交谈的第一句话往往能够成为打开与人交往的一扇窗户，在最短的时间内建立良好的印象，为接下来的交往营造融洽的气氛，奠定有效沟通的基础。所以，学会说好第一句话是赢取对方信任和好感的有效方式，销售人员务必要用心掌握。

推销员沈鹏是一个人际关系非常好的人，无论是与陌生人谈话还是与熟人聊天，他都能制造出非常活跃的谈话气氛，并在交谈的过程中使双方感情进一步加深，这也是他获得好人缘、销售业绩一直不错的重要原因。

有一次，沈鹏受邀参加一位同事的生日聚会。沈鹏如约而至，在聚会上遇到了关峰。他从容地走上前去，彬彬有礼地说道：“您好！听说您和今天的寿星是老同学？”

关峰高兴地点点头说：“对，您是？”

“我是他的同事，很高兴能认识您！今天真是个好日子，不仅能给同事祝寿，还能结交一位朋友，难得！”沈鹏面带微笑地说。

就这样，关峰对沈鹏产生了好感，与沈鹏高兴地谈起来。聚会结束时，他们两个人还互换了联系方式。后来，他们两人成为经常联络的朋友，在事业上也互相扶持。

沈鹏与关峰能够成为好朋友，第一句开场白的作用很大。如果沈鹏的第一句话没有能够吸引关峰的注意，没有为交谈营造一个良好的气氛，那么两个人的关系可能会是另外一番景象。

当然，说好第一句话，并不仅限于同陌生人的交往，还可以渗透到朋友、夫妻、亲人的交往之中，从而有利于增进友情、巩固爱情、温暖亲情。

既然开口说好第一句话这么重要，那么，我们应该怎么做，才能说好第一句话呢？我们不妨参考下面的几条建议。

1．用第一句话让人体会到尊重

对陌生人表示敬重、仰慕，是礼貌的第一表现，是拉近双方距离最有效的方法。采用这种方式必须注意：要掌握分寸，恰到好处，不能胡乱吹捧，说话的内容也要因时因地而异。

2．在第一句话中把问候送出去

无论是初次见面，还是与熟人见面，问候是少不了的。见面后，最好第一句话就把问候送出去。一般情况下，“您好”是最常见的问候用语，如果能因对象、时间、场合的不同而使用不同的问候用语，效果则会更好。

俗话说“人生无处不相逢”，销售人员需要经常接触陌生的客户，并将自己成功地推销给陌生的客户，从而使双方由陌生变为熟悉。所以，与陌生人交谈并不可怕，也没有必要过于拘束，只要主动、热情地同他们聊天，努力探寻双方的共同点，从而赢得对方的好感，拉近彼此之间的距离。

3．让第一句话拉近彼此的距离

我们上述列举的鲁肃见诸葛亮的开场白，以及沈鹏见到关峰的开场白，均属于这种情况，即初次见面通过互相攀认式的谈话方式，很容易地搭起彼此之间谈话的桥梁，使对方在短时间内产生一见如故的感觉，从而给对方留下良好的第一印象。

4．第一句话使人感到体谅、关爱、包容

生活中，朋友、亲戚、家人之间总会出现一些矛盾，此时，见面时的第一句话往往起着决定性作用。一句不得体的话不但会使双方矛盾加深，还可能伤害到彼此间的感情。所以，张口前一定要三思，不妨往语言里多加些关爱与理解，这样，再深的矛盾也会因为爱的语言而化解。

总而言之，两人相见时的第一句话是非常重要的，是叩开对方心扉的敲门砖，也是使人一见如故的秘诀。销售人员要苦练内功，力争见到顾客时开口说好第一句话，为此后成功地推销自己打下基础。

维系老客户时该怎么说

在实际工作中，不少销售人员在开发新客户时有激情，但在维系老客户时一般做得不够，从而不自觉地把生意做成了“一锤子买卖”。其实，根据人的消费惯性，只要销售人员工作得当，维系一个老客户所付出的代价要远远小于开发一个新客户。凡是在销售事业中有所成就的人无不重视老客户的维系，因为老客户不仅可以二次消费、三次消费以及更多次地消费，还可以通过口碑传播，为你带来更多的客户。

实际上，维系老客户也是一门学问。我们接下来就客户沟通方面，谈一下怎样长久地维系老客户，让老客户的心里装着你，而不是弃你而去。

1. 当产品质量出现问题时

这时，销售人员不要把产品问题一下子推给售后部门，自己要站在客户的立场看问题，面对客户的挑剔要虚心倾听，冷静客观地研究分析客户挑剔的原因，并根据事实加以沟通讨论。对于客户反映的问题，如果属实，则予改进，并提出改善、解决及补救之道；如果非事实，应做充分地沟通说明；如果需要时间解决或补救，应承诺具体时间；如果是微不足道的挑剔，也许可伺机转移话题。

实际上，客户在提出产品质量出现问题时，我们一定要理解客户的心情。因为根据换位思考，假如我们是客户，拿钱买了东西，出了问题不也应该向商家反映吗？通常情况下，我们与老客户之间信任度的建立，往往就是在处理产品问题的时候。问题解决了，相当于我们之前的销售顺利“消化”了，皆大欢喜；如果问题没能解决，但至少你的热情和责任心不会让他在同行中诋毁你以及你所在的公司，也就在一定程度上避免了你和你所在的公司在信誉上的损失。

2. 当老客户反映“价格高”时

其实，“价格高”的问题，新老客户都可能会提，我们这里主要说老客户的问题。稳定的老客户，特别是下单正常、下单量较大的老客户提出价格需要调整的时候，我们有必要注意几点：一是留意市场价格是否真的有波动，二是客户是否遇到了新供应商，而且价格和我们十分接近，三是我们的售后服务是否出现了问题。

对于第一个问题，我们不能盲目降价而失去原则，所以要先清楚市场的价格，然后核算所有的成本等，针对客户的量和潜力再具体报价；对于第二个问题，当今信息时代，电子商务高度发达，除了我们与老客户合作，其他竞争对手也可能在接触我们的老客户，但从老客户这一方看来，他们毕竟要担心新供应商的真实性、售后服务、交货期等，因此，在更换供应商时，老客户一般是非常慎重的；针对第三个问题即售后服务问题，其实，老客户的很多不满都与此有关，我们应立即改善解决，并进一步规范和完善售后服务。

3. 当老客户来访时

一般来说，在客户来访前，销售员要做好准备，包括客户提到的产品价格、性能、特点等，必须要对介绍的产品十分熟悉，在客户提出一些问题的时候销售人员要能够马上回答，如果不能当场回答就要承诺在一定的时间内给予客户答复。接待客户时，约定时间后尽量不要迟到。

如今的消费者已变得相当理智，所以对客户进行维护和售后的服务非常必要。很多时候，我们挽留住了老客户才算真正意义上地做成了一笔销售。关于老客户的重要性，我们不妨看下乔 · 吉拉德的成功经历，在乔 · 吉拉德销售的所有汽车中，65%的交易来自于老客户的再度购买，所以乔 · 吉拉德成功的关键是为老客户提供足够的高质量服务，使他们一次又一次回来向他买汽车，或者推荐朋友来买汽车。可见,成功的企业和成功的营销员通常把留住老客户作为企业与自己发展的头等大事。

拜访新客户该怎么说

对于销售员来说，拜访新客户可谓是最基础、最日常的工作了，因为销售职业本身就意味着要开拓新市场。同样是拜访新客户，我们会发现，有的销售员能和客户开心地聊到一起，让客户快速地接受了自己；有的销售员可能会被新客户“赶”出来。那么，我们见到新客户时该怎么说，客户才愿意听，愿意接受我们呢？

我们在这里介绍几种沟通技巧，以供读者朋友参考。

第一，明辨身份，找准对象。

如果销售人员多次拜访同一家客户单位却收效甚微，比如协议谈不妥等，销售人员就要反思：是否找对人了，即是否找到了对我们拜访目的实现有帮助的关键人物。

为此，销售人员一定要搞清楚，对订单有决策权的究竟是采购经理、市场经理、财务主管，还是一般的采购员、营业员等。只有这样，才能成功地找到销售的切入点。

第二，突出自我，赢得注目。

销售人员在与客户打交道时，务必要给客户留下深刻的印象。为此，要想办法突出自己，赢得客户的关注。为此，销售人员要不吝啬名片，每次去客户那里时，除了要和直接接触的关键人物联络外，要尽量给客户单位内所谈话的其他人都发放一张名片，以加强对方对自己的印象。必要情况下，销售人员要将名片发放一次、二次、三次，直至对方记住你的名字和你正在做的产品为止。

第三，开门见山，直述来意。

初次和客户见面时，在对方没有接待其他拜访者的情况下，我们可用简短的话语直接将此次拜访的目的向对方说明，比如做下自我介绍等，为接下来的销售沟通做好铺垫。

第四，察言观色，投其所好。

销售人员拜访客户时，可能会碰到这种情况，对方不耐烦、不热情地说：“我现在没空，我正忙着呢！你下次再来吧！”对方说这些话时一般有几种情形，一是确实在忙工作，二是正与别人开展娱乐活动，如聊某一热门话题等，三是当时什么事也没有，只是因为某种原因心情不好而已。

对于第一种情况，销售人员必须耐心等待，主动避开，或找准时机帮对方做点什么，比如，力所能及地为客户帮些忙等；对于第二种情况，我们可以适当地加入他们的谈话行列，以独到的见解参与对方的讨论，以免遭受冷遇，总之销售人员要有能与之融为一体、打成一片的姿态，要让客户觉得自己有无所不知、知无不尽的见识；对于第三种情况，我们最好是改日再去拜访，适可而止，不要自找没趣，或者换个时间，客户心情好了，会觉得我们通情达理，而改善对我们的印象。

第五，因人而异，言行一致。

销售人员对不同身份、不同性格的人采取不同的谈话方式和策略，是实现谈话目的的关键。一般来说，销售人员所见的客户可谓三教九流、无所不包，这就要求掌握他们的性格特点、了解他们的志趣爱好，投其所好，从他们感兴趣的话题入手，以此作为一个重要的切入点来实现谈话目的。

另外，销售人员不能轻易向客户许诺，但许下的诺言必须付诸行动。“君子讷于言而敏于行”，许下诺言就一定要守信履行。一次违约毁信，就有可能将你个人乃至整个企业的信誉给毁掉。

第六，选对方式，简洁干脆。

幽默干脆的谈话可以吸引客户，引出更多的话题；诙谐幽默的谈话可以使谈话的气氛更加活跃轻松，即使偶有争执，一句幽默的话也胜过十句苍白的辩解。当然，幽默是出于自然的，多一分便成为油滑，少一分便成为做作，这就要求销售人员平时要注重自身学习，多方涉猎，提高自身谈话的含金量。

第七，内容充实，真实具体。

谈话内容要充实周到。这是谈话的先决条件。这就要求销售人员与顾客谈话时，要对产品有深入而全面的认识，进而充实谈话内容；在谈话中，不要吞吞吐吐，说一些似是而非的话，要一是一、二是二，把要表达的意思说清楚，尽量让客户明白你的意图，从而使彼此以真诚换取真诚。

第八，宣传优势，诱之以利。

销售人员在与客户沟通时，要把产品优势明确地传达给客户，使客户获悉从产品中能得到的利益，一般来说，这也是客户愿意同销售人员进行沟通的最初原因。

第九，以点带面，各个击破。

有时，销售人员所面对的客户是多个人，这时，销售人员要从中找一个年纪稍长或职位稍高，在客户中较有威信的人，将自己先成功地推销给这个客户，然后借助这个客户的威信、口碑和推介，予以旁敲侧击，来感染、说服其他人，以达到拜访的目的。

第十，端正心态，永不言败。

新客户的拜访工作，很多时候是一场概率战，很少能一次成功，也不可能一蹴而就、一劳永逸。所以，销售人员要能锻炼出对客户的拒绝“不害怕、不回避、不抱怨、不气馁”的“四不”心态，这样离销售成功就又近了一步。

总之，成功都是有规律可循的，销售人员只要坚持练习和实践，就一定能在拜访新客户时取得成功！

用幽默提升个人魅力

心理学家认为：幽默是一种最富感染力、最具有普遍传达意义的交际艺术。幽默在人际交往中的作用中是不可低估的，俗话说“笑一笑，十年少”，人们大多喜欢和具有幽默感的人交往，因为他们能给人带来一种心灵上的愉悦和轻松。

在销售中，交易本身容易让客户充满戒备与敌意，如果销售人员能够适当运用幽默的技巧，就可以有效地消除客户的紧张情绪，使整个商谈过程变得轻松愉快，充满人情味。所以，幽默的销售员更能获得客户的欢迎，取得他们的信任，从而成功地将自己销售出去。

销售员约翰口才很好，而且反应敏捷，善于随机应变。有一次，他正在销售一种“折不断”的绘图T字尺：“看，这些绘图T字尺多么坚韧，任凭你怎么用都不会折断！”

为了证明自己所说的话，约翰捏着一把绘图T字尺的两端使它弯曲起来。突然“啪”的一声，原本完好的T字尺顿时变成两截塑料断片了。正在围观的人群愕然之际，机灵的约翰把那个断裂的T字尺高高地举了起来，大声说：“请仔细看看吧，女士们，先生们，这就是绘图T字尺内部的样子，咱们拆开看看，瞧它的质地多好啊！”

这时，不少人为约翰的幽默而折服，买了约翰推销的T字尺。

可见，幽默不仅可以帮助销售人员自我解围，还能够获得顾客的赏识，使得整个交易也显得轻松快乐。所以，在销售过程中，销售人员不妨在适当的时机来点小幽默，缓和与客户之间对立的气氛，更快地达到彼此合作的目的。

还有一个案例，销售员适时地用幽默的语言在销售中化险为夷，避免使自己陷入销售僵局，并赢得客户的青睐。其实，幽默是一种智慧的展示，顾客欣赏销售人员的幽默，实际上是欣赏一种智慧。

一名房地产经纪人领着一对夫妇向一栋新楼房走去，他想向这对夫妇销售新房。一路上，为了销售这套房子，这个经纪人不停地夸耀这栋房子和这个居民区："瞧这个地方多好！空气洁净，遍地鲜花绿草，这儿的居民从来不知道什么是疾病与死亡。谁也舍不得离开这里……"

碰巧在这时，他们看见有一户人家正在忙碌地搬家。这位经纪人马上说："你们看，这位可怜的人……他是这儿的医生，竟因为很久一段时间无病人光顾，而不得不迁往别处开业谋生了！"那对夫妇也随之由于房地产经纪人的幽默和机智会心一笑，感到这个经纪人说话风趣，也就更愿意和经纪人聊天了。

可见，幽默的人走到哪里就会将笑声带到哪里，如果我们是一个幽默的销售员，那么在整个交易过程中将给客户带来很多快乐，使客户倍感轻松。尽管如此，我们要意识到，懂得适当地运用幽默是一门学问，因为幽默运用不当，可能会沦为低俗，不仅起不到润滑人际关系的作用，反而招致顾客的反感。为此，销售人员在运用幽默时，要注意以下几点：

（1）注意幽默的内容。销售人员可以对一些紧急出现的尴尬场面进行调侃幽默，但不要拿客户的一些私人问题说笑，以免引起对方的不快，使客户觉得销售人员不尊重他。所以，销售人员在运用幽默时，一定要做到措辞明了，避免引起误解。

（2）幽默要适度。在销售中，销售人员适当讲一些小笑话，能迅速降低客户对销售人员的戒备心理，但千万不要过度，如果掌握不好分寸，会给客户留下轻浮、不可靠的印象。

（3）幽默不应该冲淡谈话的主题。销售员和客户交谈的主题只有一个，那就是让客户接受自己，进而达成交易。有些销售员相当幽默，开玩笑的手法也相当高明，但是一开起玩笑来，就将客户的思路越拉越远，最后冲淡了谈话的主题，使得销售失败。所以，销售员一定要注意避免犯这样的错误。

（4）幽默时要保持微笑。销售人员在和客户幽默的过程中，一定要保持微笑，否则，幽默就很可能被误认为是讽刺。销售员的微笑其实就是在告诉客户，他此刻说的话是为了让客户高兴起来。有些销售员在开玩笑的时候一本正经，本来很有趣、很有意思的玩笑也会变成极有讽刺意味的话，结果破坏了销售员和客户之间的关系。

（5）幽默要区分客户与场合。在销售人员打算轻松幽默一番之前，最好先分析客户是否喜欢幽默，一定要确信不会激怒对方。如果销售人员遇上一本正经，喜欢直截了当的客户，就不要故作幽默了；幽默还要区分场合，如果是在比较严肃的会议中或是商谈比较重要的事情，那么就不宜幽默了。另外，销售人员运用幽默时，还要找准话题，以免造成冷场和尴尬。

最后，希望销售人员能够灵活地运用幽默，提升个人魅力，拉近与客户之间的心理距离，让客户喜欢上你的风趣幽默，从而愿意和你打交道。

第六章

★★★★★★★★★★

给诚信账户不断储值

★★★★★★★★★★

人人都有透明的诚信账户

自觉远离说谎恶习

承诺：衡量诚信的标准

诚实是销售员最大的卖点

介绍产品要客观

不为销售而销售

诚信是销售员的护身符

人人都有透明的诚信账户

空气通常是看不到的，但却客观存在，甚至是我们在生活中所离不开的，所以我们说空气是透明的；每个人都有自己的诚信账户，这个诚信账户似乎看不到，但也像空气那样客观地存在着，因此我们说，每个人都有透明的诚信账户。一个讲诚信的人，其诚信账户的储值就会较高，容易获得人们的信任；对于一个不讲诚信的人来说，其诚信账户的储值就会较低，也就难以获得人们的信任。

对于销售员来说，不断为自己的诚信账户储值，维持一个优秀的诚信账户，可谓非常重要。据美国纽约销售联谊会统计，70％的人之所以从你那购买产品，是因为他们喜欢你、信任你和尊敬你。因此，要想交易成功，诚信起着非常重要的作用。

"诚信"一般包括"诚实"与"守信"两方面内涵。诚信不但是推销的道德，也是做人的准则，它历来是人类道德的重要组成部分，在我们的日常销售工作中也发挥着相当重要的影响力。实际上，销售员向客户推销产品，某种程度上正是在向客户推销自己的诚信。

在推销过程中，销售人员如果失去了信用，也许一笔大买卖就会泡汤。信用有小信用和大信用之分，大信用固然重要，但它也是由许多小信用积累而成的。有时候，守了一辈子信用，只因失去一个小信用而使唾手可得的生意泡汤。

通常情况下，优秀的销售员很重视信用，他们有一说一，实事求是，言必信、行必果，对顾客以信用为先，以品行为本，不断地向自己的诚信账户储值，从而取得顾客的信赖，使顾客放心地同你做交易。

有一位成功的销售人员，每次登门推销总是随身带着闹钟。交谈一开始，他便说："我打扰您10分钟。"然后将闹钟调到10分钟的时间，时间一到闹钟便自动发出声响，这时他便起身告辞："对不起，10分钟到了，我该告辞了。"

如果双方商谈顺利，对方会建议继续下去，那么，他便说："那好，我再打扰您10分钟。"于是闹钟又调到了10分钟。

大部分客户第一次听到闹钟的声音，很是惊讶，他便和气地解释："对不起，是闹钟声，我说好只打扰您10分钟的，现在时间到了。"客户对此的反应因人而异，绝大部分人说："嗯，你这个人真守信！"也有人会说："咳，你这人真死脑筋，再谈会儿吧！"不管客户什么样的反应，但有一点是一致的，即：眼前这个销售员是讲信用的。

销售人员最重要的是要赢得客户的信赖，但不管采用何种方法，都得从一些微不足道的小事做起，守时就是其中一种。这是用小小的信用来赢得客户的大信任，因为你开始答应会谈10分钟，时间一到便告辞，就表示你百分之百地信守诺言。

在当今竞争日趋激烈的市场环境下，信誉已成为竞争制胜的极其重要的条件和手段。唯有守信，才能为销售人员赢得信誉，谁赢得了信誉，谁就能在市场上立于不败之地；谁损害或葬送了信誉，谁就要被市场所淘汰。

销售人员最重要的是要赢得客户的信赖，一般都要从一些微不足道的小事做起，通过每一个细节表现你的真诚，以此来告诉顾客：我是个诚信之人。

正因为此，诚实守信，以诚相待，是所有推销学上最有效、最高明、最实际也是最长久的方法，林肯曾经说过：一个人可能在所有的时间欺骗某些人，也可能在某些时间欺骗所有的人，但不可能在所有的时间欺骗所有的人。对销售人员来说道理同样如此，在一个信息传播日益迅速的市场环境下，销售人员的小手段、小聪明是很容易被看破的，即便偶尔取得成功，这种成功也是相当短暂的。所以，要想赢得客户，诚信才是永久的、实在的办法。

其实，要做到诚信是件很不容易的事情，而违反诚信法则的人是难以在销售行业中生存下去的。美国销售专家齐格拉对此深入分析道："一个能说会道却心术不正的人能够说得许多客户以高价购买劣质甚至无用的产品，但由此产生的却是三个方面的损失，一是客户损失了钱，也多少丧失了对他的信任感，二是销售人员不但损失了自重精神，还可能因这笔一时的收益而失去了成功的推销生涯，三是从整个行业来说，损失的是声望和公众的信赖。”

基于此，销售人员要努力维护自己良好的诚信账户。要做到这点，销售人员平时就要高度注意自己的言行是否一致，在平时与客户沟通时要杜绝夸大事实，小心承诺，一旦承诺就要努力兑现诺言。

自觉远离说谎恶习

在庞大的销售从业者队伍中，存在着各式各样的“销售理念”，其中有些理念比较流行与受人关注的，比如“说谎论”。有人说，不说谎就做不好销售业务；有人说，说谎是“善意”的谎言，最终是为了顾客好；也有人说，很多问题必须撒谎，因为我不可能告诉他真实的情况，如真实的产品成本；还有人说，为了达到目的有些事是必须撒谎的，否则根本没有成交的可能……这些所谓的“理念”让很多销售新人听到后通常会很不自在，甚至感到有些迷茫：难道做销售就必须要会说谎？

有些人为了证明“说谎论”的正确性，还将销售技巧与说谎的概念混为一谈，借以为“说谎”正名。实际上，对于说谎和销售技巧，我们只要通过两者在概念上的区别就可以知道二者是截然不同的。所谓“说谎”，简单来说就是说不真实的话，不论什么原因，只要是说了不真实的话就可称为“说谎”；而销售技巧则是销售能力的体现，是一种工作的技能。销售是人与人沟通的工作，宗旨是通过提供销售服务为顾客提供一种问题解决方案，为此，销售人员需要掌握对客户心理、产品专业知识、社会常识、表达能力、沟通能力等的灵活运用。

虽然从概念上来看，说谎与销售技巧有着明显的区别，但在销售过程中两者很多时候又很难分清。比如有个案例，一个生产厂家为了支持某经销商，便特批出一笔费用，帮助经销商去开拓市场。这时，有些销售人员为了和经销商套近乎，就瞒着经销商说是“经过自己的努力才申请下来的”，销售人员觉得这样做经销商会感激自己，便于维护客情关系。对这种情况，可能有的人觉得是维护客情关系的技巧，有助于卖给客户一个人情，以博取客户的好感；有的人觉得是一种“说谎”，一旦事情真相被客户查知，那么销售人员的行为将适得其反。

很多时候，销售人员通过谎言哪怕是“善意”的谎言，仿佛一时和客户“处好”了关系，但正如乔·吉拉德所说：“……你说谎时自以为愚弄了别人，其实不然。谎言在你身上显露无遗。”的确，正如我国一句俗话所说“世上没有不透风的墙”，倘若客户日后知道了事情真相，那么，客户又会怎样看待“说谎”的销售员呢？起码，客户会觉得，这个销售员比较滑头，日后要多加防范。如此一来，销售人员与客户之间的关系就存有了芥蒂，势必影响销售员在客户心目中的位置。

实际上，销售人员不管出于什么原因说谎，其目的不外乎三类：拉近关系，建立好感；夸大事实，争取主动权；防范对方，保护自己。我们不妨换位思考一下，自己是否希望别人用所谓“善意的谎言”与我们交流与沟通呢？如果你发现了会有何感想？通常情况下，感觉“被骗”的人会对对方产生一定的反感与不信任的印象。那么，既然你不希望别人用谎言来对你，又何必用这种方式对待别人呢？

因此，在上述案例中，销售员不妨直接告知经销商关于厂家的最新扶持政策，并坦然地告诉经销商，无论哪个销售人员负责对接这个经销商的业务，经销商都会享受同样的政策，同时补充下，当先掌控该扶持政策执行权的是销售员本人，接下来，销售员可以根据具体情况提出自己的相关合理要求和条件，这种要求和条件绝不是威胁，而是一种比较融洽的交换。这样做有两个好处：一是明确告诉客户，这件事本身对其有好处，但执行权在销售员手里，也就相当于正面提醒经销商做好其该做的事情；二是把事情讲得清清楚楚、明明白白，这样客户会比较信服销售员，至少认为销售员这个人比较实在，没有说谎。

可见，销售员平时要尽可能杜绝说谎，因为谎言的代价十分昂贵，可能会使销售员失去生意、失去客户、失去别人的信任，有时还会给自己带来麻烦，严重的话可能还是一种违法犯罪行为。比如对一些涉及消费者生命财产安全的产品或服务，销售员假如说谎，从中弄虚作假，可能要承担严重的法律后果。

所以，销售人员要深刻地认识销售活动的本质，要理性地认识到“不说谎仍然可以做好销售业务”，用自己的诚信去打动顾客，打开市场。

承诺：衡量诚信的标准

在销售中，要想成功地向别人推销自己，就永远不能违背自己的诺言。这是因为，当你向客户推销自己时，能表现出你诚信特质的不是你的衣着及外在包装，唯一能表现真诚的是你自己。正因为此，信守诺言的人对自己说出口的事情绝对当真，这种人通常也是客户信赖的人。

乔·吉拉德曾认识一个名叫亚历克斯的年轻人，这个年轻人在一家汽车经销商的售后服务部门工作。他的职责是要在客户把车开过来保养时，为客户填上维修订单。实际上，维修订单也是一种承诺；在这个维修订单里，承诺的是不但要提供客户要求的维修服务，而且“不能超过合理的价格标准”“除非客户授权，否则不做多余的整修”。负责为客户填写维修订单的工作人员，也必须承诺“贾维斯太太，你的车四点以前可以完成”或是“梅森先生，如果车还没好或者有什么问题，我会打电话给你”。

表面看起来，这些承诺并不复杂，甚至比较简单，但那位年轻人却常常未能遵守。比如说，他有时明明答应了客户什么时间能把车修好，结果到约定时间却没有修好；有时，在需要给客户打电话通知时，这位年轻人还忘了打电话给客户等。

没多久，这位年轻人的真诚便遭到质疑。这是因为，客户在听到这个年轻人的承诺后却总是发现年轻人并未能够履约，就逐渐认为这个年轻人是在空谈，没什么诚信感。逐渐地，客户对这个年轻人及他所在的部门失去了信心，年轻人的自我销售失败了，同时他所做的售后服务工作几乎也陷入低谷，因为他无法获得客户的信赖。通常情况下，汽车经销商也会要求售后服务部门的职工也向客户适度地推销新车，如今，这个年轻人没有能够把自己成功地销售给顾客，他销售新车的任务自然也无法完成。

有一次，这个年轻人和乔·吉拉德共进午餐，他把心里的麻烦事向乔·吉拉德倾诉："乔，我的处境不太理想，我想自己快要被老板炒鱿鱼了。"

"什么地方出了错，亚历克斯？"这个年轻人叫亚历克斯。乔·吉拉德虽然在听说过这个年轻人的一些不太好的工作习惯，由于平时自己也较忙，所以没来得及询问亚历克斯，便借这个机会问了下。

"我这张嘴给我惹了不少麻烦。我答应别人的事情却没有做到，等于搬起石头砸自己的脚。"亚历克斯把详情给乔·吉拉德说了下。

于是，乔·吉拉德根据自己的经验和感悟，告诉亚历克斯怎样重建自己诚信的名声，以便改善目前的状况，同时也挽救亚历克斯的工作。乔·吉拉德建议亚历克斯说："我要求你做到两件事，我要你确切地执行30天。"

然后，乔·吉拉德说了自己的两条建议：

第一，不论付出任何代价都要强迫自己准时履行承诺。除了你自己以外，没有人能强迫你。

第二，以后许下任何承诺之前，要先仔细思索，问问自己："我真的能做到吗？"

听完乔·吉拉德的两条建议，亚历克斯沉默地想了下，然后把这两条建议写了下来，并对乔·吉拉德说："30天后，我要你告诉我发生了什么状况。"

同时，乔·吉拉德告诉亚历克斯，第一条建议是最难办到的，但还是要竭尽全力去做，第二条建议则是确保他以后不再为承诺所苦。接着，乔·吉拉德又告诉亚历克斯，按照这两条建议来做会产生四个结果：

（1）事先周密的思考能避免事后的尴尬。

（2）不必再道歉或找借口。

（3）别人会知道你说话算话。

（4）你的真诚形象自然显露无遗。

一个月后，乔·吉拉德见到了亚历克斯。他看起来很快乐，完全没有了烦恼，他对乔·吉拉德说："我遵守了你的那两条建议。你真是对极了！客户们说我守信用，越来越欣赏我。如果维修进度落后，我会打电话通知，客户还会向我道谢。我们部门接到的维修订单也越来越多了！另外，我们服务部门的经理也说对我的工作很满意！”乔·吉拉德听后，也深深地为亚历克斯的进步而高兴。

可见，能否遵守承诺，会从根本上影响一个人的诚信形象。正如我们所强调的，销售的本质是一种服务，每天需要与形形色色的客户打交道，无论什么样的客户，都不会喜欢与不讲信用的销售人员打交道。为此，销售人员要重承诺、守信用，给客户留下诚实信用的良好印象。

诚实是销售员最大的卖点

乔·吉拉德在其著作《怎样销售你自己》中提到“诚实”的时候，说：“……诚实让我成为世界第一的销售员。”在乔·吉拉德看来，诚实关系到销售员的生存问题。

在乔·吉拉德的销售从业经历中，有些客户对乔·吉拉德说要比较别处的价格，因为有时候，乔·吉拉德的竞争对手能够给予客户更低的价格。若单从数字上看来，有时候，竞争对手给客户的报价的确要比乔·吉拉德的报价优惠一些，但最后，由于乔·吉拉德的诚实已经被客户接受，客户会觉得哪怕在乔·吉拉德那里多花了些钱，也必然会有相应的价值，而别处打折的价格有可能使客户自己得不偿失。因此，那些曾经在价格上犹豫过的客户最终还是找到乔·吉拉德，并在乔·吉拉德那里购买了车辆。

乔·吉拉德认为，诚实是销售人员最大的卖点，世界上的成功者一般都与自己坚持诚实的作风有关。因此，销售人员要成功地推销自己，就离不开诚实。在如何打造自己诚实品牌的问题上，乔·吉拉德认为要努力践行四项原则：

1. 对自己诚实

我们在对别人诚实以前，首先要对自己诚实，不要欺骗自己。当一个人自我欺骗时，会很自然地对别人说谎，而别人回报你的往往也是谎言，从而让你掉入谎言的蛛网中；当一个人对自己说实话时，面对事实、自己的目标、态度、能力等都会尽可能地诚实，你会发现别人对你也会诚实起来。

通常情况下，诚实像很多其他特质如慈善、尊重他人、喜欢他人、关心他人那样，会成为一个人自发的一种特质。要做到这一点，对自己诚实是基础。

2. 三思而后言

乔·吉拉德认为，在很多人的眼里，言语可以代表一个人，所以我们要小心检视从自己口里说出的话，因为这些话往往是别人心灵和思想的“食物”，会常常被别人咀嚼，从而形成对说话者的看法。为此，我们要形成诚实地思考之后，再把实话说出来的习惯。

3. 换一种表达方式

中国有句俗话：“一句话，百样说。”销售人员在与客户的沟通中，可以通过换一种让客户乐意接受的方式，来表达自己的诚实。有一次，一位叫史密斯的客户开着一辆破旧的汽车来看车，从客户开车的动作来看，他还是很在意自己那辆旧车的。乔·吉拉德接待时说：“史密斯先生，看来你的车子一定陪了你很多年，如果它已经累了，你一点也不能责怪它。我们来研究一下这辆忠心的老仆人可以折换多少价值。”这样一来，乔·吉拉德既说了实话，又便于客户接受，于是，客户最后采取了“以旧换新”的购车方式，将自己的旧车折价，从乔·吉拉德那里购买了一辆新车。

因此，有些销售员常觉得在有的场合，如果不违心地说些谎言，仿佛“无话可说”，但这时往往违背了诚实的原则。所以，销售员要以诚实为本，要牢记说“好听话”的基础是诚实，如果不能换一种方式说“好听话”，就宁肯保持适当的沉默，也不要去乱说。这是因为，谎言基础上的“好听话”既让自己难受，也会让客户难受。

4. 用宽厚来缓和实情

尽管我们一再提倡销售人员要恪守诚实、不说谎言，但很多时候，实话常常是很伤人的。为此，我们才需要修饰实话的表达方式，从而让实话不会伤到别人或是令别人不舒服。一般情况下，实话是要说的，但如果说出的实话让人很尴尬，就可以暂且选择不说。这样做体现了我们的一种宽厚，会让自己变得更有风度。

我们有时可能会看到有些销售人员在自我销售时遭遇惨败，一个重要的原因是他们说话太苛刻，完全没有体会别人的感受，从而引起了客户的反感。所以，如果销售员能够用宽厚来缓和一下实情，就会让客户感到温暖，也会感受到你的体贴，从而对销售员产生好感。

另外，除了上述四个践行诚实的原则，乔·吉拉德还提出了四项避免损害诚实品质的事情，具体如下：

（1）不要夸张。很多情况下，夸张与谎言之间的界限很模糊，一旦夸张到一定界限，就会造成失去真实性，从而在别人面前给自己留下不诚实的印象。为此，销售员就描述产品特性时切忌夸张，要秉持实事求是的原则。

（2）不要替别人圆谎。我们在生活中，可能有时会遇到别人让我们“帮忙圆谎”的事情。这种情况下，在原则上，我们应该不替别人圆谎。

（3）不要要求别人替自己圆谎。

（4）别说“无伤大雅的小谎”。要培养诚实的品质，就要防微杜渐，从小事做起，绝不从说谎中找乐趣。

最后，我们要积极培养诚实的品质，坚持说实话，同时又要把实话说得宽厚一些，注重客户的感受，你将发现会有越来越多的客户愿意同你打交道。

介绍产品要客观

销售人员在向客户推销自己时，通过客观地介绍产品，也有助于塑造自己诚信的形象。实际上，世上没有十全十美的产品，客户也是懂这个道理的，有些销售人员可谓“王婆卖瓜，自卖自夸”，一味地说自己产品的好处，仿佛自己的产品是完美的化身，这样做不仅会影响客户对产品的态度，还会在一定程度上对销售员形成“为达目的不择手段”的印象。这样的话，销售人员就很难成功地将自己推销给客户。

可以说，一切关于产品介绍的技巧都是围绕客观性原则展开的。为此，销售人员在向客户介绍产品时要秉持客观的原则，恰当地向客户介绍产品的特点和优势，是销售人员需要掌握的一项基本功。

小纪打算买房，看了好几个楼盘，仍没有下定决心在哪里购买。有一次，小纪在房产网站上看到一个新开楼盘的消息；小纪发现这个楼盘的介绍资料中，很全面而且客观，不仅介绍了该楼盘所在的区位优势、周边配套设施，同时还介绍了自己一定程度上的不足，比如远离市中心，乘车距离可能会长些等。

接着，小纪给该楼盘的售楼处打电话，售楼处的一位销售员客观地给小纪介绍了楼盘的情况，同时邀请小纪抽时间来看房。于是，小纪在周末的一天，到楼盘去看房，基本上和自己在网站上看到的及电话里咨询的一致，再者，小纪考虑到该楼盘价格稍低些，虽然距离市中心远些，但自己以后开车上下班，倒也能接受，因此小纪与那个销售员签订了购房合同，购买了一套房。

其实，上述案例在我们的现实生活中尤其是一些成功的销售案例中是经常出现的。顾客之所以接受了销售人员、接受了产品，一个重要原因就是销售人员对产品进行了客观而真实的介绍。在销售中，有时一些销售员可能觉得可以在一定程度上蒙骗顾客，在产品介绍时努力“包装”产品，没有把产品的不足告诉顾客，这样的话，即使顾客购买了一次，以后发现了产品的不足也必然会对销售员的诚信度与专业度产生一些怀疑，不利于销售员维系老客户；假如销售员有意对产品的“包装”被客户识破，那么，销售员的诚信度就会在客户的心目中大打折扣。

为此，销售员要客观地介绍产品，正确地表达出产品的优缺点，从而为客户的购买行为提供比较科学的参考，这对销售员的自我推销很重要。为此，我们来看下销售员在介绍产品时，会出现哪些问题：

1. 对自己的产品特点不熟悉

相对来说，这种情况会比较容易出现在新的销售人员身上，刚做销售或者刚接触一种新产品的销售人员，一般情况下，对产品的特点和优势还没有非常熟悉，只是了解一个皮毛。所以，这样的销售员往往只能对产品的特点和优势做些粗略的介绍，如果再往深处和广处讲，仿佛就觉得没什么可讲了，同时也会觉得自己讲的内容缺乏吸引力和说服力。

对于这种情况，最好的办法就是深入熟悉自己销售的产品，这样的话，才能给顾客提供更丰富的咨询服务，既把产品优点予以突出，也把产品的不足显示给客户，能帮助客户在优缺点之间把握平衡。

2. 试图介绍时“大而全”

这样的销售人员希望把自己产品的所有特点和优势统统地讲给客户听，生怕漏掉一个细节，认为自己介绍的产品优点越多，效果就越好，越会容易获得客户的认可，而结果往往恰恰相反。因为等销售人员把产品介绍完时客户往往把之前的内容全忘掉了，再者，销售人员讲得内容太多、太杂，也不便于客户把握产品重点。这种情况下，即使客户购买了产品，但日后发现了产品的某些缺点，可能又会怪罪销售员没有介绍到位。

避免出现这种情况的一个做法是，销售人员深入熟悉产品特点，在此基础上，用简洁的语言列举出产品的优劣势，再帮助客户从中权衡，从而使客户购买到最适合自己的产品。客户在买到合适的产品后，自然会感谢销售人员，也便于销售人员维系老客户。

3. 不尊重竞争对手

销售人员要杜绝一个做法，那就是诋毁竞争对手。这是因为，当销售人员不是抱着尊重的态度对待竞争对手时，就会在主观上为了“超越”竞争对手而单方面地吹嘘自己的产品，甚至会诋毁竞争对手。这样做不仅会影响销售人员诚实的品质，也会影响销售人员在客户心目中自身修养的形象。

总之，销售人员在介绍产品时要客观而负责，以此向顾客传递一种诚实的品质。当顾客感觉到所接触的销售人员是一个诚实的人时，那么销售人员就能更好地把自己推销给顾客。

不为销售而销售

传统意义上的销售，一般是指销售人员将产品卖给顾客。在这个过程中，销售人员卖的是产品价格，顾客买的是使用价值。如果纯粹从传统意义上看销售，势必会形成销售人员为了销量而“不择手段”，顾客则为了获得低价的使用价值会一再压低价格。这种循环的结果，不利于买卖双方诚信度的培养，不利于市场的正常发展。

为此，销售人员要树立正确的意识，不纯粹为“销售”而销售，要先把自己成功地推销给客户，让客户感觉“价有所值”。在这种情况下，传统的销售就演变为“产品价格—销售人员—使用价值”，销售人员便起着重要的沟通产品与顾客的作用。

销售人员要想成功地搭建起产品到顾客的桥梁，通常需要熟悉顾客做出购买决定的心理过程，在这其中，销售人员要根据顾客所处的心理阶段，不急不躁，在每一个阶段提供相应的优质服务，恪守对顾客诚信的原则，从而展现自己良好的职业素养。

一般情况下，顾客做一个购买决定时通常有一个内心变化的过程，是一个衡量利弊以及判断眼前的销售人员是否值得合作的过程。通过研究，我们把这个心理过程归纳为六个心理阶段，具体如下：

（1）顾客并不知道自己有某个需求。通常情况下，销售人员在推销产品时，对于产品的常规功能一般都是人们所熟悉的，但很多时候，一种产品除了自已的常规功能还有延伸出的其他功能，这时就需要销售人员去发掘这些功能，进而满足顾客潜在的需求。有时候，在销售人员发掘这些功能以前，产品所蕴含的这些“功能”通常不被人理解，甚至被认为有些“荒唐”，一旦这些功能被销售人员发掘出来，人们就会恍然大悟，并理解销售人员的诚信式创新。

有一个故事，老板对六个销售人员说，给你们出一道题："把梳子卖给和尚。具体怎样才能做到，你们去想。"

第一个销售人员出了门时，按照梳子的常规功能一想，觉得和尚本没有头发，又怎会需要梳子？和尚不需要梳子，自己还卖什么梳子！于是，这个销售员干脆找个酒馆喝了些闷酒，睡了一觉，第二天见到老板时说："和尚没有头发，梳子无法卖！"老板听后微微一笑，说："这个常规的道理，我也知道。如果都按照这个常规的道理去做，大家的产品也就没什么区别，还何谈销售！"

第二个销售人员来到一个寺庙后，找到了和尚，对和尚说自己想卖一把梳子给他，和尚说用不上梳子。这个销售人员就对和尚说，如果自己不能把梳子卖给和尚，就会被老板炒鱿鱼，所以请和尚发慈悲。和尚叹了一口气，就买了一把。

第三个销售人员也来到一个寺庙卖梳子，和尚说"真的不需要"。这个销售员在庙里转了转，对和尚说："拜佛是不是要心诚？"和尚说："是的。""心诚是不是需要心存敬意？"和尚说："要敬。"这个销售员又说："你看，很多香客大老远来到这里，他们十分虔诚，但是却风尘仆仆，蓬头垢面，如何谈得上敬佛？如果庙里准备些梳子，使这些香客把头发梳整齐了，把脸洗干净了，岂不是对佛的尊敬？"和尚话说有理，就买了十把。

第四个销售人员也来到一个寺庙卖梳子，和尚又说"不需要"。这个销售员对和尚说："如果庙里备些梳子作为礼物送给香客，既实惠、又有意义，意味着香客用寺庙里的梳子，每天梳头都可以梳下一些烦恼事，会吸引香客持续前来，这样的话，贵寺仿若香火会更旺的。"和尚想了想，觉得有道理，就买了一百把。

第五个销售人员也来到一个寺庙卖梳子，和尚仍回答"不需要"。这个销售员对和尚说："您是得道高僧，书法甚有造诣，如果把您的字刻在梳子上，刻些'平安''积善'之类的送给香客，是不是既弘扬了佛法，又弘扬了书法呢？”老和尚听后微微一笑，就买了一千把梳子。

第六个销售人员也来到一个寺庙卖梳子，和尚仍表示“不需要”。这个销售对和尚说：“梳子是善男信女的必备之物，尤其常被女香客带在身上，如果寺内高僧能为梳子开光，成为她们的护身符，既能积善行善、又能保佑平安，很多香客可能还需要为自己的亲朋好友也带上一把，这样既有利于弘扬佛法，还有利于推广寺院的知名度，岂非好事？”和尚听后表示很有道理，就买了一万把梳子，取名“积善梳”“平安梳”，由寺内高僧亲自为香客开光，结果梳子供不应求。

在上述故事中，销售人员销售梳子时，可以说，产品都是一样的，但发掘出的产品价值却不同，因而被客户接受的程度也不同，销售结果也有很大不同。所以，销售人员通常需要去发掘产品相对于顾客而言的更深层卖点，也只有在这个基础上，销售人员的诚实才能有更大的用武之地。

（2）有潜在的需求，但并不强烈。在这个阶段，销售员可以一步步滴引导顾客的需求，先给顾客留下一个负责任、说话靠谱的好印象，不可人为地“揠苗助长”。

（3）顾客已经意识到了对某产品的现实性需求，但认为自己临时还有别的产品可以替用。这个阶段的顾客已经知道了某产品对自己来说的确有用，但有的时候，自己现有的其他产品又可以临时替用一下，因此对具体什么时间购买有些犹豫。这个时候，销售人员可以客观地帮顾客分析选择自己产品的必要性，但不可过于强求，关键是要把自己所售的产品信息清晰传递给顾客。

（4）顾客在发现偶尔用自己现有的物品可以顶替一些待购产品的使用价值时，会产生些侥幸心理，因而可能会一度表面上向销售人员表示要购买，但过后不久又反悔。这个时候的销售员仍要恪守诚实品质，不要因为客户的“反复无常”就单方面欺骗顾客赶紧购买。因为这种情况下，即使客户购买了，也会觉得心里不爽，从而对销售人员产生一些抵触情绪。

（5）权衡利弊的阶段。在这个阶段，顾客会在生活的便利性与要支付的价格之间寻找平衡点，判断是否值得购买。这个时候，销售员仍是在客观的基础上，认真介绍产品的优劣势，让顾客明白自己付出的成本和得到的使用价值，引导客户自己做出“购买更合算”的决定。

（6）最终决定阶段。经过上一个阶段的权衡利弊，顾客最终决定购买，这个时候的销售员仍要用心服务，给客户留下诚实负责的印象，促使客情关系的良好维系。

总之，销售人员要努力做好产品到顾客的中间服务，在这其中，要揣摩顾客购买行为的心理变化特点，不误导顾客，能站在客户立场上，主动为客户分析，让客户购得所需的价值。在客户有了一次愉悦的购买经历后，相应地也会进一步加深对销售员的好感。

诚信是销售员的护身符

据美国的一项调查表明：优秀销售员的业绩是普通销售员业绩的300倍。有资料显示，优秀销售员与长相、年龄大小、性格内外向均无关。那么，优秀销售员最重要的品质是什么呢？是诚信的品质。唯有诚信，才能让销售员打造出响亮的个人品牌，并让自己的销售之路长青。

小宋是某汽车公司的销售员，虽然其貌不扬，工作时间也不过两年，但是他的客户资源以及销售业绩很突出，经常让同事们羡慕。作为公司的销售冠军，小宋到底是怎样赢得客户，赢得业绩的呢？

小宋的一位忠实客户丁先生是这样说的：“我看好了一款车，去选车的时候，不少销售员纷纷指出那款车的缺陷，劝我买别的车型，这一度差点让我动摇了自己的想法。当我来到小宋所在的汽车4S店时，他并没有说其他车型的毛病，而是很客观地介绍了车型之间的优势与劣势，并且问我更看重哪一点，把购买决定权交给了我。面对这样的销售员，我自然选择了他的车。最让我感到亲切的是，提车那天，再过最后一道检查程序的时候，发现新车的密封胶条有开胶现象，于是小宋与4S店专业的工作人员共同协助，为我立即换了一辆新车。说实话，这样讲诚信的销售员的确让我很感动，我甘愿做他的忠实客户。”

另外一位给小宋介绍很多客户的段女士也说：“我购车的时候，小宋曾经向我承诺，如果我购车，将在提车时赠送我车内的装饰礼包，我觉得很划算，就立即订了车。但是最后因为厂家发货有期限，我去提车的时候装饰礼包还没有到店。小宋为了兑现自己的承诺，竟然自己出钱购买了同样品质的车内装饰，并且为我安装好。像这样负责的销售顾问，我没有理由不信任他。因此，我就将自己的朋友介绍过来，他们对我很感谢，因为他们也体会到了这样好的服务。”

不仅这两位客户，只要是与小宋有过交易往来的客户，他们给予小宋的评价都很高，也同样很信任他，这是小宋销售业绩好的主要原因。

古语说得好：“人无信不立。”通常情况下，信誉是看不见、摸不着的，它主要存在于客户的心目中，只有客户认为哪些销售员是值得信任的，这些销售人员才会有与客户合作的机会。

在上述案例中，销售员小宋的行为就是一个很好的例证。在销售过程中，小宋时刻把诚信记在心上，遵守职业道德，信守自己的承诺，时刻站在客户的角度为客户着想。这样的销售员，客户又有什么理由不信任他呢？正因为此，小宋才成为公司内的销售冠军。

日本松下电器的创始人松下幸之助曾说：“信用是无形的力量，也是无形的财富。”其实，信用更是销售员的护身符。销售员不但要会把产品卖出去，更重要的还要将固有的客户维护好，只有这样才能更好地做好销售工作。要做到这些，诚信则是根本。

在与客户的交往中，销售员要做到诚信，一方面要掌握诚实表达的本领，让客户感觉到自己是讲信用的。

对于销售员而言，良好的语言表达能力并非只意味着能说会道，只要能够清晰、真诚地表达自己的思想，诚实地讲明自己的观点，同样能够获得客户的信任。

客户在面见陌生推销员的时候都会从心里产生一种抗拒情绪，并且对销售员所说的话总是抱着半信半疑的态度。这个时候，很多销售员因为没有耐心说服客户而直接选择了放弃，但那些优秀的销售员总是能够通过中肯的话语，诚实地表述自己的观点，从而赢得客户的信任。因此，销售员最好在与客户沟通的时候诚挚地表达自己的观点，做到开诚布公，这样往往比胡编乱造的花言巧语更能赢得客户的心。

另一方面，正如我们前面所分析过的，在与客户沟通的过程中，销售员要能够主动坦诚产品的缺点。这里所说的产品缺点，具体来说是指产品没有质量问题，但在竞争中相对于优点而言处于劣势的产品特点，包括价格贵、耗电大、操作复杂等。一般来说，缺点是相对于有点而言的，有些并非不是不能改变。因此，销售员通过语言叙述要让客户意识到这些缺点并不会影响产品的正常使用，而且是可以改变的，比如采取一些防护措施等。

在这里，销售员要明确，有时主动坦诚一些关于产品无关紧要的缺点，不仅不会影响到客户购买产品的兴趣，反而会让客户因为你的坦诚，更加信任你以及产品。

最后，销售员要学会拒绝，勇于大胆说“不”。在销售中，有些销售员为了讨好客户，无论客户提什么样的条件都是“有求必应”，也根本不顾自己的职权范围，以至于原先承诺的，由于以后做不到也就随之没有了兑现。这种“拍脑袋做事，拍胸脯承诺，拍屁股走人”的行为往往会提前终结自己的销售生涯。为此，销售员在承诺前三思而后行，对于自己做不到的不要给予客户承诺，而应适当地拒绝。这样，有利于销售员在客户面前树立有原则性的形象，还有助于合作的深入和持久。

总之，诚信不但是销售人员的基本素质，也是销售人员的护身符，是销售人员在销售行业中立足的必要条件。

第七章

微笑的魅力

微笑是人际交往中最好的语言

微笑永远不会令人失望

跟“山姆大叔”学微笑

微笑是舒缓紧张的良药

微笑给人带来好心情

微笑的十大好处

如何培养微笑的习惯

微笑是人际交往中最好的语言

我国有许多关于笑的俚语，如“非笑莫开店”“面带三分笑，生意跑不掉”等，这些俚语无不说明了微笑的重要性。在销售工作中，销售人员要经常面带微笑，微笑几乎是销售人员与任何顾客沟通时都通用的语言，并会因此讨人喜欢。

乔·吉拉德也说过，“有人拿着100美元的东西，却连10美元都卖不掉”，这是为什么呢？这是因为，销售产品时，销售员的面部表情很重要：它既可以拒人千里，也可以让陌生人立即成为朋友。

微笑是与人交流的最好方式，也是个人礼仪的最佳体现，对销售人要来说更显重要。我们从日常观察中可以看出，客户花钱来消费，可不愿看到销售员愁眉苦脸的样子；当客户怒气冲冲地来投诉时，销售员一张紧绷绷的脸只能使得火上浇油。相反，如果销售员能真诚地对客户微笑，就可能感染客户并使客户调整态度。因此，作为销售这个特殊的职业，一定要掌握微笑的本领，将微笑形成一种职业习惯。

美国有一个故事，叫“一张笑脸价值百万美元”。这个故事里讲述了美国销售寿险的顶尖高手威廉·怀拉怎样通过一张令客户无法抗拒的笑脸，实现年收入高达百万美元。

威廉·怀拉原是美国棒球界的运动员，他在40岁退役后想去应征保险公司的销售员。他当时在棒球界已经小有名气，便认为利用自己在棒球界的知名度，一定会应聘上的，没想到却惨遭淘汰。当时，人事经理对他说：“保险销售员必须有一张迷人的笑脸，而你却没有。”

威廉·怀拉的倔强性格使他不但没有泄气，反而促使他一定要练出一张笑脸，他每天在家里大笑百次，弄得邻居还以为他是因失业发疯了。

为了避免误会，他干脆躲在厕所里大笑。他搜集了许多明星人物迷人的笑脸照片，贴满房间，以便随时观摩学习。另外，他还买了一面与身体同高的大镜子放在厕所内，以便每天进去练习大笑三次。经过长时间的练习，他终于练出了一张迷人的笑脸，而凭着这张“婴儿般天真无邪的笑脸”，他也成为寿险行业的销售冠军。

成为百万富翁后的威廉·怀拉经常说：“一个不会笑的人，永远无法体会人生的美妙。”

因此，销售人员一定要记住，真诚动人的微笑会令顾客备感亲切，难以忘怀；会使顾客心里觉得像喝了蜜一样的甜美。如果销售人员展露的笑容缺乏自然感和亲切感，那就要像威廉·怀拉那样，每天抽空对着镜子勤加练习。

实际上，微笑本身和个性的内向与外向无关，只要肯去训练，任何人都能拥有迷人的微笑。对于销售人员来说，你不需要把聪明挂在脸上，但时刻不要忘记把微笑挂在脸上。对于致力于与客户沟通的销售员来说，将微笑挂在脸上是十分重要的。

当销售人员与客户第一次接触时，脸上有灿烂的微笑往往能够让客户放松戒备。没有什么人会拒绝笑脸相迎的销售员，相反，人们只会拒绝满脸阴沉，显得十分“专业”的销售员。

在处理客户异议的时候脸上同样要挂着微笑。因为此刻的微笑代表销售员的自信，自信有能力圆满地解决问题，自信能够让客户满意。

当对顾客提出的、超出自己能力范围的要求表示拒绝时，脸上同样要有微笑。此刻的微笑表示销售员很认同客户的观点，但是确实无能为力，还希望客户能够体谅。

当达成交易与客户道别时，脸上还是要有微笑。此刻的微笑表示销售员十分感谢客户的购买，对商谈的结果十分满意。

当未达成交易和客户道别时，脸上理所当然地要有微笑。此刻的微笑表示虽然没有达成交易有些遗憾，但友谊已经建立，以后肯定还有合作的机会。

总之，在销售的过程中，无论你遇到了什么样的情况，销售人员都要始终把微笑挂在脸上。微笑是销售的一种礼仪，也是成功的销售员必须练就的基本功。销售员一定要记住：真诚动人的微笑会令顾客备感亲切，难以忘怀；会使顾客心里觉得像喝了蜜一样的甜美。

微笑永远不会令人失望

拿破仑·希尔这样总结微笑的力量："真诚的微笑，其效用如同神奇的按钮，能立即接通他人友善的感情，因为它在告诉对方：我喜欢你，我愿意做你的朋友。同时也在说：我认为你也会喜欢我的。"

的确，微笑让一个人显得更有亲和力、更有魅力，因而是成功推销的敲门砖，自信的微笑、真诚的微笑、亲切的微笑，是一位优秀的销售人员必须具备的基本技能。所以，一位优秀的销售人员不仅要学会拥有微笑，还要学会适度地表达微笑；一位优秀的销售人员在推销时需要用面部的微笑向潜在的客户表达友好的意愿，这样才能建立起客户对你的信任。

俗话说得好，"相逢一笑泯恩仇""笑一笑十年少"。微笑能够被大家相互传递，微笑是人们发自内心的快乐，在人们的交往过程中，微微一笑会给人们带来一种亲切、温和的感觉，人们总会喜欢那些面带微笑的人。或者说，一个面带微笑的人永远都会受到人们的欢迎。

而在生活中，任何人都不会对那些终日愁眉苦脸、眉头深锁的人产生好感，而那些用微笑对待别人，让别人高兴愉快的人，最容易得到别人的好感。微笑是一种让人无法抗拒的语言，甚至还有人认为微笑是一座通向他人内心的桥梁，可见微笑的魅力的确不可忽视。

在销售中，很多时候，微笑有助于表达出对他人的好感，也有助于建立人人之间的信任。所以，销售人员要把自己成功地推销给客户，离不开微笑的作用。销售人员所进行的工作是人与人之间的沟通、心与心之间的交流，因此销售人员必须用自己的微笑和热情去感染客户，从而引起客户的共鸣，这样才能将自己成功地推销出去。

很多时候，悄无声息的微笑传达出了很多用语言无法表达的信息，比如尊重、理解、愉快、赞同等。作为销售人员，更应该时刻将微笑挂在脸上，用微笑去迎接客户，即便你面对的是那种冷冰冰的客户，你的微笑也会让他们感觉到你的热情、友好与温和，进而得到他们的认可和欢迎。

美国作家曼狄诺曾说过一句话：“微笑可以带来黄金。”这也就是后来大家所熟知的曼狄诺定律。曼狄诺主张人们应该多微笑，因为真心的微笑具有巨大的魔力，它是一个人销售成功的助推器。

在销售的过程中，每一个客户都想与一个面带微笑、具有亲和力的销售员来交谈，没有谁愿意面对一副冷冰冰的面孔，所以销售人员在销售的过程中一定要将自己最美丽的微笑展现给客户。这样不仅可以拉近你与客户之间的距离，还有利于促使交易的成功。

有一天，销售员小叶与一家软件公司预约后，来到负责采购产品的庄经理的办公室，推销电脑靠椅。

敲开庄经理的办公室后，小叶微笑着说：“您好，庄经理，我是之前和您联系的小叶，主要做电脑靠椅产品的。请问您现在时间方便吗？”

庄经理当时正聚精会神地盯着电脑忙碌，便冷冷地说：“对不起，我不需要。”

听到庄经理冰冷的回答，小叶仍然有礼貌地微笑着说：“好的，庄经理，那您先忙，我改天在您时间方便时再过来。再见！”说完，小叶准备轻轻地关上门离开，这时，庄经理习惯性地和小叶道别，当注视到小叶在碰拒后仍然保持着得体的微笑时，突然改变了语调，略显歉意地说：“我刚才比较忙，有些冷落你了。我现在时间方便些，请进来具体谈一下吧。”

于是，小叶再度走进庄经理的办公室，与庄经理沟通其产品事宜。在整个交谈的过程中，小叶始终保持着微笑，使得整个交谈的气氛很轻松愉快。最后，庄经理从小叶那里采购了一批电脑靠椅，并且和小叶一直保持着友好的关系。

可见，销售人员的一个微笑能够给客户一种亲切、温暖的感觉，让客户感觉到销售人员的善意和热情。所以，善意的微笑永远不会令人失望，还能够让客户喜欢你，让客户在你的感染下购买你的产品，同时你的微笑也会在客户的心中留下深深的印象，为以后的成功销售打下坚实的基础。总之，微笑是获得客户认可的一大法宝。

跟“山姆大叔”学微笑

沃尔玛超市的创始人山姆·沃尔顿，经常被人们亲切地称为“山姆大叔”。在他的自传《沃尔玛：美国制造》一书中，他讲述了沃尔玛成功的秘密。

那是一个圣诞节的晚上，山姆·沃尔顿把所有员工召集在一起，发表了具有历史性意义的讲话：“我希望你们跟着我宣誓，我要你们承诺，无论何时，当你们与顾客的距离在三米之内时，你必须看着他的眼睛，问候他并询问‘你需要什么？’

“我想世界上任何零售商都做不到我向你们提出的建议，这其实很简单，也并不花费什么，但我相信它能够创造奇迹，对我们的顾客绝对是一种奇迹，而且我们的销售额会直线上升。

“我知道你们中有人是因为天生害羞，有人因为不愿意打扰他人，但如果你们照我的话去做，我肯定它一定能够帮助你成为一名领导者。

“因为这样做会让你的人格得到健全，会让你变得外向，会在未来让你成为商店经理、部门经理或者地区经理，甚至任何你想要的职位。这会带给你奇迹，我保证！”

的确，沃尔玛能够成为全球零售业的巨头，与他们全心全意服务客户是分不开的，而沃尔玛服务顾客的秘诀之一就是“三米微笑原则”。这个原则其实很简单，只是要求你与客户相距三米的时候，要看着客户的眼睛，迈出你的步伐，走到与相距客户一米左右的地方时要自然地点头、示意，并要微笑地打招呼：“嗨，早上好，先生/女士，请问您需要些什么？”或者是“请问我能够为您做些什么呢？”

这个秘诀看起来并不难，甚至有些人对此不屑一顾，然而正如沃尔顿所说，这个简单的秘诀，会让其他很多竞争对手“做不到”。这也正是沃尔玛能从众多的零售商中脱颖而出的重要原因，也说明了一个道理：微笑是赢得客户青睐的一个重要工具。

其实，在销售中，销售人员经常会遭遇客户各式各样的不解与误会，不仅如此，客户仿佛时时都想离开销售人员的视线。在这种情况下，销售人员就很有必要用微笑留住客户的心，用真诚的微笑化解客户的疑虑。

因此，微笑是吸引顾客的最有力武器，在复杂的人际交往中，人们常常会运用微笑来传递信息或获取信息。在推销和社交活动中，销售人员应目视对方，面带微笑以表示关注。当你初次向客户推销产品时，客户总会用不经意的眼神上下打量你，而此时你面带微笑地向顾客推销产品，起码会减弱顾客的抵触心理。所以，我们要做一个时刻拥有微笑的销售人员。

那么，既然微笑在销售中如此重要，那究竟怎样才能拥有打动客户的微笑呢？我们可以借鉴以下两个做法：

1. 在日常生活中多练习微笑

大家都说，微笑是销售成功的有力武器，但为什么有的人微笑了就能销售成功，有的人即使微笑了也会失败？实际上，这也是在销售的成功和失败中，普通销售人员和优秀销售人员的区分。销售人员的微笑对销售成功起着关键作用，但微笑是有差别的，普通销售人员的微笑往往是僵硬的，并不是发自内心的，只是面容的简单表现，他们在与客户交往时，僵硬的微笑会让客户感觉不舒服，很容易使双方陷入不自然的氛围中；而优秀销售人员的微笑是发自内心的、真诚的，他们在与顾客交往时会真诚地注视着对方，并从对方的目光与自己的目光接触的那一刻，将自己发自内心的微笑从眼睛渐渐扩展至整个面部，给客户一个温暖的微笑。这样会让客户感到你的真诚，并向客户传达一种“很高兴见到你”的信息。

可见，作为销售人员，如果要成功地把自己推销给顾客，还是需要下功夫联系微笑的。我们在日常练习微笑时，应该注意微笑的几个标准：在面部表情方面，我们在微笑时要真诚、甜美、亲切、善意、充满爱心，脸部表情要和蔼可亲，亲切自然，伴随着微笑自然地露出牙齿；在声音语态方面，在与他人说话时，态度要诚恳，语句要流畅，语气要不卑不亢，声音要清晰柔和，语速要适中，富有甜美悦耳的感染时在眼睛与眼神方面，与客户交谈中，眼睛要正视客户，目光要友善，亲切自然，眼睛要和蔼有神，让真诚自然流露。

2. 在销售的过程中，向客户展示微笑

当我们用微笑面对客户时，要注意的几个方面是：微笑要真诚，要用发自内心的微笑真诚地对待客户；微笑要及时，销售人员的微笑发生在与客户对视时的效果会比较好；第三，微笑要有针对性，销售人员并不需要一直对着客户微笑，在谈到某些内容时微笑能起到事半功倍的效果；微笑要适度，微笑太多或太少都不能够让客户对你产生好感，所以微笑一定要适度；微笑要有艺术性，为了让客户对你的产品产生购买欲望，你的微笑得笑得有艺术，主要表现在要用微笑与仪表、举止、谈话内容相结合，以笑助姿，从而形成一个完整、统一、和谐的美。比如在与客户谈话时，销售人员应注意将微笑和讲话的内容相互结合，声情并茂，这样微笑才能发挥出它应有的特殊魅力等。

总之，微笑的魅力是可以通过不断练习而形成的。可以说，具备微笑魅力的人，无论走到哪里都会受到人们的欢迎。所以，对于销售人员来说，在与客户交往时，时刻保持微笑会让自己更容易被客户接受。

微笑是舒缓紧张的良药

有些销售人员，尤其是销售新人在去见客户时，内心难免忐忑与紧张，这时，销售人员越是试图控制自己的紧张情绪，反倒越觉得紧张。在心理学中，紧张是身体应对外界刺激和困难的一种准备，适度紧张并非坏事，它有助于激发潜在的力量；但是，持续的紧张状态会严重扰乱机体内部的平衡，从而影响人的能力的正常发挥。

销售人员在销售工作中出现紧张情绪时，通常会将这种情绪传染给客户，对销售中的谈话气氛产生不利的影响。为了有效地舒缓紧张，销售人员可以在见客户以前多练习几次微笑，以缓解紧张的心情。这时，销售人员不妨面带微笑。此时，请放松你的下巴，抬起你的脸颊，张开你的嘴唇，向上翘起你的嘴角，用轻松欢快的节奏鼓舞自己，这将使你意识到脸、心和脑之间的联系，这种练习的价值是使你心中和脑中的快乐反映在脸上，从而呈现出你所预想的愉快表情，比如放松、清醒、警惕，看起来既舒服，又给人以有能力的感觉。

研究证明，当人们微笑时，大脑接收的信息通常是积极的，并且能使身体处于放松和满足状态；当人们处在焦虑和恐惧中时，微笑也能产生同样的效果。无论你是否意识到微笑对自我控制紧张感所起到的作用，这种“人为的”努力都将使大脑对外部信息做出积极有效的反应，表现在面部表情上便是向外界展示快乐而自信的形象。

小高从事销售工作将近三个月了，主要销售石材。尽管做销售快三个月了，小高在见了客户时仍会感到紧张。这种紧张情绪严重影响了小高的销售业绩。

让小高无法理解的是，当内心紧张的自己出现在客户面前时，无论自己如何努力，总是感觉自己与客户的沟通缺乏一种融洽的感觉。结果，在与客户沟通交谈时，小高总是一下子觉得自己原先准备的很多谈话内容也想不起来了，对于客户所提的问题他的回答也不能让客户满意。

尽管小高看了很多销售方面的书，也请教了几位销售前辈，但生性内向的他仍克服不了自己见客户前的紧张心情。后来，小高听说了微笑能否克服紧张的方法，就尝试着练习微笑。当小高看到镜子中自己微笑的面容时，小高突然意识到了自己的魅力所在，心情顿时放松，思路也开阔了很多，内心的紧张也随之烟消云散。看着镜子里自己的微笑，小高仿佛一下子找到了长期困扰自己的难题。

这天，小高又要去拜访客户了。如果按照往常那样，像这次如此重要的事情，小高会紧张得心怦怦直跳；然而这次，小高虽然也有些紧张，但他在去拜访客户的路上始终要求自己保持微笑的面容，渐渐地，小高内心的紧张情绪越来越淡，最后在敲开客户的门时，小高竟发现自己没有丝毫的紧张情绪，站在客户面前的是一个充满微笑、富有亲和力的销售人员。

小高和客户谈得很好，对产品的介绍也很到位，客户对小高和产品都很满意。最后，在小高离开时，客户与小高签订了购买合同，还亲切地将小高送出门外。

实际上，微笑不仅能够舒缓销售人员的紧张情绪，还能舒缓顾客的紧张心情。比如，销售人员在与顾客谈到报价环节时，对于一笔价格不菲的购物行为，顾客在支出一笔较大的费用时内心难免会产生一些紧张的情绪，这时，销售人员适当的微笑，也有助于减轻顾客的紧张情绪，促使顾客做出购买的决定。

总之，微笑是人际交往间的润滑剂，有助于舒缓销售人员紧张的情绪，打造一个融洽的谈话氛围，也便于销售人员更好地将自己推销给客户。

微笑给人带来好心情

在与别人交流时，保持微笑可以给对方留下亲切、友善的好印象。在销售过程中，销售员时常微笑地面对客户，能在一定程度上帮别人减少忧虑，有助于给客户带来好的心情，所以，优秀销售员的脸上经常保持着迷人的微笑。

小杨是一名化妆品销售员，在七年的从业经历中，她始终微笑着、耐心地去接待每一位顾客，客户与同事每天都能见到小杨的微笑，这也让她收获了意想不到的馈赠。在单位里，小杨被授予“微笑之星”，她还是单位里出了名的销售冠军。

谈起自己的销售经历，小杨对其中的一件事感触颇深，并激励自己无论何时都要保持微笑。那是在小杨刚做化妆品销售时，有一位阿姨前来选购化妆品。当时小杨对化妆品还是一知半解，对能否卖出去产品也没有太大希望。尽管如此，小杨在与那位阿姨的交谈中始终保持微笑，热情地服务，最后，那位阿姨从小杨那里购买了一份价值千元的化妆品礼盒。

临走时，那位阿姨给小杨说了一番话，让小杨至今难忘。那位阿姨说：“小姑娘，你的化妆品知识并不丰富，但你的微笑很真诚，特别让人感到放心，所以我选择你的产品。”

这句话一直伴随小杨到现在，鼓励她对自己的工作充满自信，更要以微笑和真诚对待每个人。这正如小杨所说：“我觉得不管干什么工作，都不能够把生活中的情绪带到岗位上，用自己的微笑、耐心和热情，帮助顾客们找到自己最想要的，传递给顾客快乐的心情，这才是我们工作的灵魂。”

可见，微笑往往会给人乐观向上、自信的印象，容易让人产生信任感。一旦养成了微笑的习惯，不管是在尴尬的场合还是在困难的情况下，你都能轻易化解，并给别人留下美好的印象。

世界著名的旅店之王希尔顿在还没有发迹的时候，他的母亲就告诉他：必须寻找到一种简单容易、不花本钱而行之长久的办法去吸引顾客，只有这样才能持续地成功。

希尔顿最后终于找到了这样东西，并把它作为自己一生的座右铭，那就是“今天你微笑了吗？”如今，靠着微笑的魅力，希尔顿在自己创建的希尔顿酒店里，创造“宾至如归”的文化氛围，打造出旅店行业著名的“微笑服务”模式。

基于此，我们一定要相信微笑的力量。通常情况下，我们对别人微笑，别人也会以微笑来回报我们，即使对方由于当时的心情等因素没有回报以微笑，起码仍会对我们产生好感。对于销售人员来说，仅仅付出微笑便能获得客户的好感，何乐而不为呢?

所以，在微笑之前，你需要相信微笑有一种感染人的积极力量，富有自信的微笑更能打动人。没有阳光，就不会绚丽的花朵；没有雨露，就不会有参天的大树；如果一个人没有微笑地面对别人，就不会有心心相印的朋友；如果一个销售人员学不会微笑地面对客户，就难以获得客户的好感与支持。微笑是一个很简单的表情，却有着丰富的信息，它传递着友善、宽容、信任与关爱。

实际上，当我们面对一张张微笑的面孔时，自己的内心也会有种莫名的感动，因为微笑是可以感染人的，你笑的时候会让别人感觉很好，很快乐，于是周围的人也会跟着你笑，这时，你的人际关系也会大大改善。

总之，我们要相信微笑的力量，因为微笑可以产生一股给人乐观向上的力量。当销售人员见到客户时，对客户的微微一笑往往会在瞬间改善客户的心情，获得客户的好感。同时，据医学研究表明，微笑在愉悦别人的同时还有利于自己的身心健康，这是由于微笑能增强肺的呼吸功能，清洁呼吸道，抒发健康的情感，消除神经紧张，使肌肉放松，有助于散发多余精力，驱散愁闷，减轻社会束缚感，有助于克服羞怯情绪，让人能够乐观地对待现实世界。

微笑的十大好处

在销售中，保持微笑的习惯，是一个可以让你脱颖而出的好办法。不仅如此，微笑能够让你变得更健康、更能抵抗压力和让你更有魅力。据权威机构研究，微笑具有十个方面的好处，具备微笑的良好习惯会使我们终身受益；对于销售人员来说，微笑可谓是必须掌握的职业本领，会对自己的销售事业有无尽的帮助。

1. 微笑使我们有吸引力

在现实生活中，愁眉苦脸的人只会把人推开，使得人们逐渐远离自己；而微笑却如一股惬意的春风，能把人更好地吸引过来。销售工作主要是与人打交道，要想使顾客尽快地对我们产生好感，就离不开我们的微笑。

2. 微笑能改善我们的心情

当你情绪低落的时候，试着微笑会让你的心情变好，对自己产生自信，并恢复积极的情绪。对于销售人员来说，时常保持自己良好的心情是高质量服务客户的前提，因此，销售人员养成微笑的习惯相当于时时准备着为客户提供优质的服务，从而便于自我推销。

3. 微笑可以传染给别人

在一个销售谈话中，微笑能使谈话的气氛变得轻松，还能传递给别人一种愉悦的情绪。通常情况下，微笑的人把快乐随身携带，也会使更多的人愿意向自己靠近。因此，销售人员要积极利用微笑的传染性，打造一个有亲和力的气场。

4. 微笑有助于减轻压力

销售人员经常要承担一定的销售压力，正常情况下，压力可以转化为动力，但如果在内心里常有压力，并不能及时地转移的话，久而久之会让人有种身心疲惫的感觉，同时可能会表现出疲惫的状态。为此，当你感到驱之不散的压力时，不妨微笑一下，这样的话，你的压力会顿时减少，也有助于你更好地投入工作当中。

5. 微笑能增强免疫力

据医学研究，微笑可以让免疫系统更好地工作。当你微笑时，免疫功能可能会因你的放松而增强；另外，微笑还可以预防流感和伤风。对于销售人员来说，有个健康的身体也是工作之中必不可少的。保持微笑在增强个人魅力的同时，还有利于身体健康，何乐而不为呢？

6. 微笑有利于降低血压

医学发现，当一个人微笑的时候，这个人的血压将显著降低。同样，销售人员出于身体健康、更好地服务于顾客的需要，微笑是成本低廉的选择。

7. 微笑有助于止痛和产生欣快感

研究显示，微笑能促进体内若干有益激素的释放，从而让人产生止痛和欣快感，会让我们的精神状态感觉更好。微笑可以说是一种天然的药物。销售人员需要经常保持良好的精神状态，所以，养成微笑的习惯也有助于良好精神状态的保持。

8. 微笑可以美容，让你看起来更年轻

人们在微笑时，面部的肌肉群通过微笑可以达到修整容颜的效果，这会让人们看上去更年轻。销售活动中，我们向顾客展示一个良好的形象很重要，那么，当你微笑时，有助于你给顾客留下一个热情、充满朝气的良好形象。

9. 微笑让你看上去是成功的

微笑的人看上去更加自信，也更容易让人接近；再者，人们在微笑时能够向外界传递一种积极的信号，表明自己有信心、有能力做好某件事。而在销售中，顾客更愿意与一位成功人士谈合作，销售人员的微笑恰好有助于有给顾客留下良好的印象，便于销售人员把自己成功地推销给顾客。

10. 微笑让你保持积极

当我们微笑时，我们的身体向我们传输的信息是：“生活是美好的！”所以，微笑会让消极、压力和恐惧都离我们远去。销售人员需要时时保持积极向上的精神面貌，因而微笑的习惯自然必不可少。

总之，养成微笑的习惯会让我们受益终生。销售人员要想在销售事业中走得更远，就要积极培养自己销售的良好习惯，从而不断提升自己的个人魅力，把更好的自己推销给顾客。

如何培养微笑的习惯

微笑在销售人员自我推销中的重要性不言而喻。那么，我们怎样才能养成微笑的习惯呢？在这方面，乔·吉拉德为我们总结了七条建议，我们不妨做个参考。

1. 即使不想笑时，也试着微笑

这点往往较难做到，但是一旦做到了，就可以为培养微笑的习惯打下基础。无论你内心真正的感觉是怎样的，哪怕是很不高兴或忧愁，都不要让别人看出来，要把自己微笑的形象留给别人。

在销售中，我们常会看到一些销售高手，在人们看起来，这些销售高手似乎永远都充满了微笑。难道这些销售高手个人就没有烦恼吗？并非如此。因为他们深深地懂得，个人的烦恼要予以规划和解决，而微笑能给自己积极的力量，并且给所有接触过自己的人以积极的力量。久而久之，我们会发现自己内心的力量越来越强大，微笑对我们来说几乎成为一个日常习惯。

2. 只把积极的想法和别人分享

我们已经知道，微笑是会传染的。在你微笑的时候，别人会认为你的心情很好、很愉快，于是，人们很快也会跟着你笑；如果你老是把一些消极的念头挂在嘴上，你就难以有笑容。为了培养微笑的习惯，我们要坚持只把好消息散播出去；不要再讨论那些充满罪恶和暴力的故事；多谈谈周围发生的好事情，做一些让别人快乐的事情，不要令别人沮丧；如果你不能说别人的好处，就干脆闭上嘴巴，始终坚持做到，从你的口中只出来充满正能量的语句。

当你开始和别人分享积极的想法时，你会发现微笑就出现了。所以，销售人员在平时和客户沟通时要养成一个好的习惯，那就是只与客户分享和交流充满正能量的事情与想法，不要与客户谈论任何有可能出现消极倾向的话题，如果顾客提起这些话题，你要么保持沉默，要么再通过积极的话题来转移顾客谈论的消极话题。坚持这样做，你会发现自己的微笑很自然，顾客事后也会欣赏你充满积极意义的所作所为。

3. 用整个面部来微笑

乔·吉拉德认为，一个美丽的微笑应该不只是牵动嘴唇而已，还应该是笑开了眼，脸颊也高耸起来。好的微笑应该是一个完整的全貌，让人看了就开心，使人觉得想不回报以微笑都会很难。

4. 彻底反转你的愁容

有本书的叫《我如何从失败走向成功？》，作者是弗兰克·贝格。弗兰克在孩提时代充满了贫穷、饥困和不幸，按照他的说法，“实在没什么微笑的机会”。这形成了弗兰克抑郁的个性，使得他经常愁眉不展。

后来，弗兰克就想，要想成功，就必须改变自己的心态，把烦恼和困境加在他身上的性格特质，诸如愁眉不展、忧郁的心境予以克服。为此，弗兰克决定彻底反转自己的愁容，给自己换上一个快乐的笑容，并让微笑发自内心，反映出自己的喜悦和目标。

说实话，这并不是件很容易做的事情。因为弗兰克改造自己的过程中，每当想起以前的烦恼时，笑容就会立刻消失。不过弗兰克并没有放弃，而是每天坚持练习，比如，他每天起床后都会练习微笑15分钟；他在进办公室、房间或某个场合之前，都会想一些足以微笑的理由，然后把愁容转化成微笑。久而久之，弗兰克为自己创造了一张快乐的面孔，努力保持微笑也为他创造了内心快乐的感觉。最后，弗兰克在事业、社交和家庭生活中收获了越来越多的幸福。

其实，对于销售人员而言，彻底反转自己的愁容，同样非常重要，只有这样，销售人员才能更好地与客户交流，并在销售事业中获得更多的成就。

5. 训练你的幽默感

其实，每个人都有幽默感，在现实生活中，有些人让别人觉得富有幽默感，而有些人却让人觉得缺乏情调，主要原因就是幽默感是否进行过充分训练的结果。有两个训练幽默感的方法是：一是在别人开你玩笑时，如果并非涉及人格等原则问题时，你最好一笑置之，这既可以显示出你的宽宏大度，也可以显示出你能够体味幽默的感觉；二是和别人一起微笑，但不要嘲笑别人。

6. 大声地笑出来

乔·吉拉德认为，如果说微笑很有魅力，那么开怀大笑就具有超级魅力。把微笑扩大，用声音表现出来就成了大笑。笑声有很强的传染力，有助于形成轻松、活泼、快乐的气氛。

7. 多说“我喜欢你”

在销售中，销售人员发自内心地喜欢谈话者，感到和对方的交流是一个开心的过程，那么自然就会发自内心的微笑，这样的微笑对顾客来说是很富有感染力的。

最后，希望销售人员用心体会上述培养微笑习惯的做法，相信会对销售人员的自我销售会有很大的助益。

第八章

★★★★★★★★★★

电话销售中的自我推销

★★★★★★★★★★

你能在30秒内吸引住客户吗

随着销售工具的不断发展，电话销售已经成为销售工作中的一种重要形式。对于从事电话销售的销售人员来说，接通电话的前30秒非常重要。

在这30秒内，销售员要能够清楚地让客户知道三件事：我是谁，我代表哪家公司？我打电话给客户的目的是什么？我公司的产品对客户有什么用途？

通常情况下，电话销售不同于面对面的销售，如果销售人员不能在刚开始的30秒内有效地吸引住客户，客户就有可能会挂掉电话，这就意味着电话销售无法继续进行。为此，电话销售人员在前30秒里一定要组织好语言及表达方式。

在此，我们介绍几种电话销售的开场方式以及其相应的案例以供参考。

1. 直截了当开场法

这种方法是销售人员直接在电话中说明来意，简明扼要。

销售员：“你好，请问是朱先生吗？我是A公司的医学顾问田明，打扰一下，我们公司现在做一次市场调研，能否请您帮个忙呢？”

顾客：“没关系，是什么事情？”

有时，顾客也可能回答“我很忙”或者“正在开会”或者以其他原因拒绝。这时候，销售员必须马上接口：“那我一个小时后再打给您吧，谢谢您的支持。”然后，销售员要主动挂断电话。当一个小时后打过去时，销售员要营造一种很熟悉的气氛，从而缩短距离感：“朱先生，您好！我姓田。您叫我一小时后来电话的……”这时，顾客就不便于再中止与销售员的谈话，而是要听销售员讲完，从而使得彼此的沟通得以开展。

2. 他人引荐开场法

这种方法是销售人员告诉顾客，是其一个朋友将对方引荐给自己的，这时，由于中间有位双方都熟悉的人，便于吸引住顾客的注意力。

销售员："朱先生，您好，我是A公司的医学顾问田明，您的好友丘华是我们公司的忠实用户，是他介绍我打电话给您的，他认为我们的产品也比较符合您的需求。"

顾客："丘华？我怎么没有听他讲起过呢？"

销售员："是吗？真不好意思，估计丘先生最近因为其他原因，还没来得及给您引荐吧。你看，我这就心急的主动打来电话了。"

顾客："没关系的。"

销售员："那真不好意思，我向您简单地介绍一下我们的产品吧……"于是，顺其自然，销售员和顾客就在电话里聊起来。

3. 自报家门开场法

这种方法是在电话里直接进行自我介绍，并告诉对方这是一个"推销电话"，然后根据顾客的反应予以调整话术。

销售员："朱先生，您好，我是A公司的医学顾问田明。不过，这可是一个推销电话，我想您不会一下子就挂电话吧！"

顾客："推销产品，专搞欺骗，我最讨厌推销的人了！"

此时，顾客也可能回答："你准备推销什么产品。"如果顾客这样问，销售员就可以直接介入产品介绍阶段。如果顾客没有这样回答，我们则根据正常的如下话术来进行沟通。

销售员："那我还真的要小心了，别让您再增添一个讨厌的人了，呵呵。"

顾客："呵呵，小伙子，还挺幽默的，准备推销什么产品，说来听听。"

销售员："是这样的，最近我们公司的医学专家团，在做一次市场调研，不知道您对我们的产品有什么看法不？"这样一来，电话中的双方自然就会聊起来。

4. 故意找茬开场法

这种方法是销售人员故意装作是因为有事才打电话给顾客，当顾客否认自己不是销售员要找的人时，再说可能是有老客户与这位顾客同名，然后与顾客聊起来。

销售员：“朱先生，您好，我是A公司的医学顾问田明，最近可好，不知您还记得我吗？”

顾客：“还好，你是？”

销售员：“是这样的，我们公司主要是销售某产品，您在半年前给我们打过咨询电话来购买，我们曾提供给您一些试用产品。这次打电话给您，就是想咨询下对我们的产品还有什么宝贵的意见和建议？”

顾客：“你打错了吧，我用的不是你们的产品。”

销售员：“不会吧，难道是我的顾客回访档案记录错了。真不好意思，能冒昧问下您当前使用是什么品牌的美容产品吗？”

顾客：“我现在使用是某品牌的美容产品……”于是，销售员和顾客沟通起来。

5. 故作熟悉开场法

这种方法是销售员故意装作认识客户，在客户否认后，销售员再趁机介入产品介绍阶段。

销售员：“朱先生，您好，我是A公司的医学顾问田明，您最近可好？”

顾客：“还好，您是？”

销售员：“不会吧，朱先生，您真是贵人多忘事啊，我是田明啊，工作压力大还是要注意身体的。对了，您使用了我们的美容产品，感觉效果还好吧，最近我们刚推出一种联合服务套餐活动，不知您可感兴趣？”

顾客：“你可能打错了，我并没有使用你们的产品。”

销售员：“不会是我搞错顾客回访档案了吧。朱先生，那真不好意思！我能否为您介绍一下我们的产品，提供一些服务吗？”

顾客："看你们对用户挺关心的，你介绍一下吧。"这样，就打开销售员与顾客接下来的沟通之门。

6. 从众心理开场法

这种方法是在开场白中，销售员列举几个公众人物，以激发顾客的从众心理，从而不会使顾客马上就拒绝接听。

销售员："您好，朱先生，我是A公司的医学顾问田明，我们公司是专业从事抗衰美容产品销售的，我打电话给您的原因是因为目前我们产品成功帮助了许多人，快速达到延缓衰老的效果（可以列举些明星等公众名人以放大社会效应），我想请教一下您在抗衰美容方面使用的是哪个牌子的产品？"

顾客："是吗？我目前使用的是某品牌的美容产品。"这样一来，销售员与顾客便有了更多的谈论话题。

7. 制造忧虑开场法

这种方法是销售员在开场白中引入一些令人忧虑和关注的话题，从而吸引住客户。

销售员："您好，请问是朱先生吗？"

顾客："是的，什么事？"

销售员："我是A公司的医学顾问田明，我打电话给您的原因，主要是不少顾客都反映现在的美容产品多是治标不治本，一旦停止使用马上就会反弹，想请教一下您对这种问题的看法。"

顾客朱："是的……"接下来，顾客可能很自然地谈起自己的看法。

另外，顾客也可能这么回答："不好意思，我不清楚。"

这时，销售员要赶快接口："那请问朱先生目前使用的是什么品牌的产品？"从而通过顾客熟悉的话题，与顾客继续沟通。

总之，销售人员采取有效的电话开场白，目的在于让顾客在最短时间内对电话销售员感兴趣，对谈话内容感兴趣，便于交谈继续进行，而不是很快就挂断电话，使你无法介入销售主题。

你能在三分钟内把自己卖出去吗

销售人员在电话接通的30秒内吸引住客户的注意力，为接下来的沟通打好铺垫时，接下来，销售人员要能够在三分钟内把自己成功地推销给顾客。这是因为，在电话销售中，通话时间一旦超过三分钟，顾客通常会感到时间稍长了些，如果在这有限的三分钟内，销售人员没有能够让顾客接受自己的话，顾客通常会选择挂断电话。为此，电话销售人员一定要掌握三分钟内卖出自己的本领。

为了能在三分钟内完成自我推销，销售人员可以参考以下做法：

1. 热情的销售员最容易打动顾客

销售人员要用声音让顾客感到自己的热情与真诚，事实证明，当人们从电话里听到一个热情的声音时会从内心里产生一股好感。所以，作为销售人员，在电话里能够展现自己的热情会更容易打动顾客。

2. 说话要真诚

只有真诚的人才能赢得信任。在电话销售中，虽然我们和顾客并非面对面地沟通，只是通过电话里的声音来交流，我们仍可以通过悦耳的声音、负责任的语言，将我们的真诚传递给客户。

3. 要把能够给客户提供什么样的服务，说给客户听，做给客户看。

在电话销售中，客户不但希望获得售前服务，更希望在购买之后，能够得到良好的售后服务。所以，销售人员不仅要在电话中将自己职责范围内的信息恰当地告知客户，还要如约做到，比如附赠的礼品、产品发票是否及时寄出等。

4. 给客户一个购买的理由

电话销售中，销售员要时时把握客户的需求与承受能力，体察客户的心态，适当地给客户提出一个购买的理由。这就好比，我们有时去逛一个服装门店，本来没打算购物，结果听销售人员给我们介绍说，穿上某件衣服多合适等，可能就会顺便买一件衣服。这是由于，门店销售人员从心理定位上把我们当成了顾客，从而给我们提供了一个购买理由。我们在电话销售中也是如此，努力发掘客户的需求，给客户一个购买的理由，客户随之也会与我们有更多的共同语言。

5. 注意倾听客户的话，了解客户的所思所想

在电话销售中，有的客户对其希望购买的产品有明确的要求，这时我们就哟啊注意倾听客户的要求，切合客户的需求将会使销售更加顺利。反之，如果一味地想推销自己的产品，无理地打断客户的话，在客户耳边喋喋不休，十有八九会失败。

6. 不要在客户面前表现得自以为是

在电话销售中，销售人员要表现得谦逊有礼，而不要自以为是，更不要与顾客产生争执，这样更容易在电话的另一端给顾客留下好的印象。

7. 不要在客户面前诋毁别人

在电话销售中，即使竞争对手存在一些客观上的不足，销售人员也不应在客户面前诋毁别人以抬高自己，因为这种做法往往会使客户产生逆反心理。同时，销售人员也不要说自己公司的坏话，包括在客户面前抱怨公司的种种不是，因为一个连自己公司都诋毁的销售人员是难以获得客户认可的。

8. 当客户无意购买时，千万不要视图通过施压，迫使客户购买

我们在电话销售中，有时难免遇到确实无意购买产品的客户，这个时候，

销售人员比较合适的做法是以退为进，适当停止推销，将话题转换为客户感兴趣的方面，或者寻找机会再次拜访，给客户一个购买的心理准备过程。这时，销售人员最忌讳给客户施压、缠着客户购买，因为这样会使客户反感，销售人员甚至连再次推销的机会都会丧失。

9. 适当利用从众心理，让客户知道不是只有他购买这款产品

人都是有从众心理的，销售人员在推荐产品时，要适当地告诉客户，有些与其情况相似的顾客也购买了产品，必要情况下可以告知对方，连客户的竞争对手也购买了产品，从而激发起客户的购买热情。这种情况下，客户会觉得已经有不少人购买产品，说明产品比较成熟，受到市场的一定欢迎，从而也会产生倾向于购买的心理。

10. 攻心为上，攻城为下

兵法中说：“攻心为上，攻城为下。”也就是说，销售人员只有在客户的心中获得认可，客户才能将销售人员视为合作伙伴、当作朋友，这样的话，销售工作才便于开展。为此，销售人员在电话中不要一味地热衷于卖产品，更要注重推销出自己，只有这样，销售工作才会更加顺利地开展。

总之，在看了上述电话销售中的方法后，读者朋友可以结合自己的实际工作，从中不断总结，以更好地提高电话中自我推销的技能。

电话销售之发声训练

在人际沟通中，各种因素所起的作用分别是：在面对面沟通中，身体语言占55%，声音占38%，其他用语占7%；在电话沟通中，声音占82%，其他用语占18%。可见，声音在人际沟通中尤其是在电话交流里，起着十分重要的作用。

对于从事电话销售的业务员来说，掌握好声音技巧十分关键，它可以使你与客户之间的空间距离大为缩短。一般情况下，说话太正统，显得机械呆板；说话太随便，又仿佛没有诚意；声音太大，会让对方感到刺耳；声音太小，又使对方听不太清楚。因此，电话销售人员适当地进行发生训练，对自己的销售工作大有裨益。

接下来参考一些声音训练方法，从而让自己的声音更有魅力。

1. 通过声音表现你的热情与自信

通常情况下，一个温和、友好、坦诚的声音能使客户放松，增加信任感，降低心理屏障。要做这点，销售人员在电话沟通中要做到热情地问候，并伴随以自然的笑容。如果你还没有形成自然的微笑习惯，不妨这样练习：一是将电话铃声作为开始信号，只要铃声一响，微笑就开始；二是照着镜子，每次微笑时露出至少八颗牙齿。如果你的微笑能一直伴随着与客户的对话，那么你的声音就会显得热情而自信。

2. 不快不慢的语速

在电话销售中，太快和太慢的语速都会给客户各种负面的感觉空间。说话太快，客户会认为你是一个典型的推销员，纯粹为销售产品而打电话，反而会削弱你的人格魅力；说话太慢，客户会对你不耐烦，恨不得马上就挂断电话。

所以，用不快不慢的语速与客户交流是电话销售员进行声音管理的必修内容。另外，销售人员还要注意两个方面：一是语速因客户而异，也就是说，对快语速的客户或慢语速的客户都要试图接近他们的语速，即在节奏上尽可能与客户保持一致；二是语速因内容而异，也就是说，在谈到一些客户可能不很清楚或特别重要的内容时，可适当放慢语速，以给客户一定时间来思考理解。

3. 音调的高度要适中

一般来说，音高是由个人的声带特质先天决定的。过于尖细或低沉的音高都会让人听起来不舒服，尤其让客户感觉别扭的是性别与音高的互置，也就是说，男性的声音尖细而女性的声音粗犷时会让人听起来不太舒服。不过，一个人的声音通过适当的练习，是可以使音高逐渐趋于适中的。一个有效的练习方法是：保持坐姿舒适，呼吸平稳，头不要抬得太高或压得太低，尽量让你的声音落在音高的中间段，并根据表达内容适当升高或降低音调。通过这种训练方法，久而久之，你的音高会在电话中逐渐趋于适中，便于别人聆听。

4. 不大不小的音量

销售人员在电话里保持适中的音量，会大大增加客户与你沟通的兴趣。如果你的音量微弱，客户听不清你在说什么，你与客户之间的距离就会被拉远；当客户几次要求你“请大声一点时”，通常意味着客户与你继续沟通下去的兴趣减少了许多。同时，销售人员在电话中的音量也不宜过大，如果你的声音太大，除了让人耳朵感到不适外，还会带进很多诸如你的喘息声、电脑键盘声等不雅或嘈杂的声音。

5. 不偏不倚的音准

有调查表明，在电话营销中，当客户没有听清楚某句话时大多时候不会要求销售员重说一遍。因此，为了不让客户漏听重要的信息，在与客户的电话沟通过程中，电话销售人员要注意这样三点：一是说普通话，咬字准确，发音清晰；二是不要在通话时吃口香糖、喝水、变换姿势找东西，避免说话含混不清；三是适当提问，以确保客户明白，比如“请问您能听清楚吗？”或“您明白我所说的吗？”通过这些做法，销售人员要确保自己所说的话，被顾客及时地听到而且理解了。

6. 让你的声音抑、扬、顿、挫

声音缺乏抑、扬、顿、挫，是不少电话销售员的常见问题，这将难以让客户感觉到你的欢迎与重视。一般来说，造成这种情况的原因是：销售人员不断重复同样的话，逐渐对这些话失去了热情；另外，由于不是面对面交流，从而缺乏对方的表情反馈，也会导致电话销售员的茫然。克服这种情况的方法可以这样做：一是想象对方是坐在你对面的一个具体的人，你是在和这个人交谈，而不纯粹是在打电话；二是认准一些关键词，并适当提高语调以表示强调。

7. 练习，练习，再练习

具备有魅力的声音，通常离不开电话销售员持续的练习。一般情况下，那些优秀的电话销售员会针对自己的声音技巧掌握情况，不断地加以改进，这里介绍三种方法：一是听广播，倾听专业人士用什么样的声音对不同的听众表达思想；二是朗读散文、诗歌，提高自己在语速、音量、音高、音准和感染力等方面的水平；三是将自己与客户的通话录下来，对照以上讲的原则，找出问题，然后不断纠正、练习。

总之，电话销售人员的工作主要是在电话里与客户进行沟通，所以声音是基础。只要销售人员按照正确的方法，坚持练习，一定可以练出让客户爱听的声音，从而有利于在电话中将自己成功地推销出去。

电话销售之礼仪训练

电话作为一种通信工具，目前已经被广泛运用到销售中，并发挥了它极大的用途。电话销售的普及，销售竞争的激烈，使得对销售人员进行电话销售礼仪训练，变得越来越重要。的确，在与客户的沟通中，销售人员刚接触客户时，在很多情况下都是先通过电话进行沟通的。因此，销售人员要把自己成功地推销给客户，掌握适度的电话礼仪就显得很重要。

这里主要看下电话礼仪中需要普遍关注的一些方面。

1. 开场白很重要

当电话销售人员打电话进行销售时，若能说好开场白，即让客户第一时间就听到亲切、优美的招呼声，客户心里一定会很愉快，使双方接下来的对话能够顺利展开，并给客户留下较好的印象。所以，销售人员要记住，打电话时，自身应有“我代表企业形象”的意识。

2. 要有喜悦的心情

打电话的时候，电话销售人员要保持良好的心情，这样即使对方看不见你，也会被你欢快的语调所感染，从而给对方留下较好的印象。由于面部表情会影响声音的变化，所以销售人员即使在电话中也要抱着“对方看着我”的心态去沟通与应对。

3. 清晰明朗的声音

销售人员在打电话过程中绝对不能吸烟、喝茶、吃零食，虽然说话双方在电话两端，彼此互相看不见，但是，销售人员此刻的状态往往会影响自己打电话时的声音，一般来说，即便是懒散的姿势，电话另一端的客户也能够“听”得出来。通常情况下，如果你打电话的时候，弯着腰躺在椅子上，对方听到你的声音就是懒散、无精打采的；如果你打电话时坐姿端正，所发出的声音也会亲切悦耳，充满活力。

清晰明朗的声音可以使顾客心情愉悦，所以电话销售人员要很好地掌握与顾客电话交流时运用的声音。关于如何培养悦耳的声音，我们已在前面的“发声训练”一节中进行了介绍，读者朋友可以参考前面的做法进行练习。

4. 迅速地接听

一般情况下，电话销售人员业务较为繁忙，桌上有时候会有两三部电话，在听到电话铃声时应该迅速地拿起听筒，最好在电话铃响3声内接听。电话铃声响一次时长大约为三秒钟，若长时间无人接电话或让对方久等是很不礼貌的，即便电话离自己很远，你也应该用最快的速度拿起听筒，这应该是每个销售人员都养成的接电话习惯；如果电话铃响了五声销售人员才拿起话筒，那么在电话中应该先向对方道歉，再接着沟通事务。

5. 认真而清楚地记录电话内容

销售人员要随时牢记5W技巧，所谓5W是指：When，何时；Who，何人；Where，何地；What，何事；Why，为什么。记好5W，一方面便于销售人员回忆和梳理电话内容，另一方面，认真记录客户讲话的重点，也是对客户的一种尊重。

6. 了解来电话的目的

销售人员接到客户的电话时要尽可能问清事由，避免误事。为此，销售人首先应了解客户来电的目的，如果销售人员自己无法处理，也应该认真记录下来，委婉地探求对方来电的目的，这样不会让客户误事，也便于赢得对方的好感。

7. 挂电话前的礼貌

通常情况下，电话沟通的双方要结束交谈时，一般应当由打电话的一方提出，然后彼此客气地道别，再挂电话；销售人员不能只顾自己讲完就挂断电话，这样会给客户留下不好的印象。

销售人员在练习上述做法的同时，还要掌握在电话中恰当用语的本领，即尽可能少地用否定的词汇去应付顾客的提问，比如，销售人员在接到顾客的咨询电话时，应避免使用“不知道”“不明白”等字眼来搪塞，这样的话，会在一定程度上减弱客户购买产品的欲望，还会损害自己与公司的形象。

此外，销售人员还应注意语速要适当，在需要停顿的时候停顿，从而及时地获取客户的反馈信息，这往往也是一种尊重客户的表现；销售人员还可以根据对客户信息的掌握情况，适当地赞美客户也是拉近与客户距离的较好方式。需要注意的是，销售人员在电话中赞美客户时要把握适当的时机，并发自真诚地赞美，否则的话，效果会适得其反。

总之，销售人员要在电话中掌握适当的礼仪，从而在电话中给客户留下良好的印象，为成功地推销自己创造积极的条件。

电话销售之沟通技巧训练

电话销售作为当今备受青睐的营销模式，是已经被市场证明了的有效的营销模式。然而，一个电话销售人员的成长过程总是伴随一系列苦痛的挣扎才能实现蜕化成蝶；再者，客户面对电话销售具备了越来越强的抗体，又不断地挑战着电话销售的难度。据统计，电话销售的成功率一般不超过3%。

当然，成功总是有方法的，失败总是有原因的。在这里，我们介绍若干电话销售中的沟通技巧，如果读者朋友能够参考这些方法，勤加练习与实践，相信会在一定程度上提升电话销售的成功率。

1. 电话沟通前的准备

主要包括心理准备与内容准备。在心理准备方面，销售人员在拨打每一通电话之前都必须有这样一种认识，那就是你所拨打的这通电话很可能是这一生的转折点或是你现状的转折点。这种想法会让你对待你所拨打的每一通电话都有一个认真、负责和坚持的态度，并使你的心态有一种必定成功的积极动力。

在内容准备方面，拨打电话前，销售人员要先把自己所要表达的内容准备好，最好是在手边的纸张上先列出几条，以免客户接听电话时由于紧张或者是兴奋而忘了讲话内容。另外，销售人员在与客户沟通时，每一句话该如何说都应该有所准备，必要的话，提前演练到最佳状态。

在做好上述两个准备的基础上，销售人员在与客户电话沟通时还要注意两点，一是态度真诚要真诚，注意电话中双方语气的变化；二是言语要富有条理性，不可语无伦次、前后重复，让对方产生反感或啰唆。

2. 把握打电话的时机

销售人员在打电话时一定要掌握好时机，要避免在客户吃饭的时间里打过去电话；如果不得不在客户吃饭的时间打过去电话，要礼貌地征询顾客是否有时间或方便接听，比如：“您好，万经理，我是B公司的小张，这个时候达打电话给您，没有打搅您吧？”

如果客户有约会恰巧要外出，或者刚好有客人在场而不便于接听电话，销售人员应该有礼貌地及时与客户道别，并约定下次通话的时间，然后再挂上电话。

如果销售人员要找的客户（如彭经理）不在，需要有礼貌地向接听电话的人索要联系方法：“请问彭经理的手机是多少？他上次打电话只留了这个座机号码。谢谢你的帮助！”

3. 接通电话时的沟通技巧

销售人员在电话接通后，要先客户问好并自我介绍，在确认对方的身份为要找的客户后，再谈销售话题。销售人员在电话里讲话时，要做到简洁明了，这是由于电话具有收费、容易占线等特性，因此，无论是打出电话还是接听电话，电话中的交谈都要长话短说。

简而言之，除了必要的寒暄与客套之外，销售人员一定要少说与业务无关的话题，杜绝电话长时间占线的现象存在。

销售人员在挂断电话前，要及时地向顾客致谢，如“感谢您用这么长时间听我介绍，希望能给您带来满意，谢谢，再见！”另外，销售人员一定要等顾客先挂断电话后，自己才能轻轻挂下电话，以示对客户的尊重。

在挂断电话后，通常情况下，有些销售人员会立即从嘴里跳出几个对顾客不雅的词汇，借以放松自己的压力，其实，这是很要不得的一个坏习惯。对于一个专业的电话销售人员来讲，这样做是绝对不允许的。销售人员的最高境界是言行一致、表里如一，唯有内心尊重客户，才会在言行上表现出来；如果销售人员人前一套、背后一套，这种做法是很难在销售事业上获得大成就，也是难以走远的。

通常情况下，无论是拨打电话还是接听电话，都可以反映出一个人或公司的形象。电话是公司对外交流的一个窗口，一个规范的拨打电话、接听电话的过程传递给客户的是一个好的印象，反之，则会传递给客户不佳的印象，必然影响销售工作的持续开展。因此，在接通电话时，不管是拨打或接听，都应该特别注意你的言辞和语气，你要相信，一个电话可能足以改变你目前的境况甚至是你的一生。

4. 客户管理

销售人员平时要做好客户管理，包括对客户资料的搜集、归类和整理，与客户经常性地沟通与联系，及时处理客户意见，不断改进对客户的服务方式和服务内容等。这样的话，销售人员在每次与客户沟通时都会做到有条不紊，从而给客户提供更优质的服务。

5. 选择适当的、与客户保持联系的方式

很多时候，电话销售并非打一次电话就能成交，通常需要销售人员与客户跟进联系，最后水到渠成、拿下订单。为此，销售人员要选择适当的、与客户保持联系的方式，比如约定什么时间再打来电话沟通、约定时间登门拜访、通过E-mail进行联系、通过手机短信进行联系、通过加客户的QQ或微信进行联系等。总之，销售人员在选择与客户联系的方式时，要礼貌地征求客户的意见。

总之，销售人员只要勤于练习电话销售中的沟通技巧，再融入个人工作实践中的经验心得，就一定能够逐步提高自己的电话沟通能力，进而更好地通过电话向客户进行成功的自我推销。

电话销售中的客情维护

销售活动是一个连续的过程，只有起点，没有终点，即便是成交后，也并非销售活动的结束，而是下次销售活动的开始，正如乔·吉拉德所说：“我相信推销活动真正开始于成交之后，而不是之前。”因此，对于电话销售人员来说，持续地关注客户，做好客情维护，对销售至关重要。

在这里，我们主要对客情维护分两种情况，一种是开发新客户时的跟进，另一种是对老客户的维系。由于电话销售通常需要联系若干次才能最终成交，所以销售跟进就显得很重要，这也是我们接下来要看的内容，即怎样在销售跟进时维护客情。

一般来说，在对客户进行跟进时，销售人员要全面详细地了解客户情况，为销售跟进提供必要的信息；接下来，要确定客户跟进计划，这个计划里包括这些内容：客户的基本情况，如客户名、客户的规模、联系人及其联系方式等；公司需要达成的营销目标，比如预计要同该客户达成多大数额的交易；为了实现销售目标，需要了解客户的哪些情况，采取哪些方式与客户进行协商等。

在成功地执行客户跟进计划并实现与客户的成交后，便是我们要了解的另一种客情维护。在这个阶段，尽管销售人员已经从客户那里获得了订单，但这并不意味着整个销售过程的结束，相反，在成交之后，通常意味着电话销售人员需要花费更多的心思进行客情维护。

的确，电话销售人员在获取订单后，意味着还有一个很长的客情维护过程。如果没有这个及时的客情维护过程，可能会引起客户的不满甚至前功尽弃。所以，销售人员切忌虎头蛇尾，要时时记得这样一个道理：拥有一个忠实的老客户比开发两个新客户要容易得多。

为此，在成交后，销售人员通常还要至少给客户再打三次电话，同时要注重给客户打电话的时机。销售人员在打第一次回访电话时，一般应在成交以后的一两天内，主要是询问客户对产品的使用情况，看客户有没有什么意见或建议；销售人员在打第二次回访电话时一般选择在成交后的十天左右，主要是询问客户是否需要某方面的指导，产品使用是否正常等；销售人员在打第三次回访电话时，主要是询问客户在产品使用中是否有突发的问题出现，这有助于提高客户对公司的信任度，以及给客户介绍新产品，并对新产品进行连带推销。

一般情况下，销售人员在进行客情维护时，可以给客户发电子邮件，这通常比打电话要迅速得多，还能以更丰富的形式向客户展现有关资料，因而电子邮件常作为电话销售中有力的辅助工具；销售人员还可以给客户邮寄感谢函或致谢卡，主要用于感谢客户签下订单，并承诺继续为其服务，通常情况下，人们对收到感谢函或致谢卡并不会反感，甚至会对销售人员进一步产生好感；电话销售人员要努力兑现曾经做过的承诺，这有助于让客户感受到销售人员的真诚，假如电话销售人员未兑现承诺则会失信于客户，那么接下来的客情维护，不管做得多好都将无济于事。

销售人员在做好客情维护的基础上，便可以逐渐地积极利用客户资源，不断壮大自己的销售事业。比如在电话销售领域，我们平时所说的销售人员“储备资源”，通常就是指销售人员要有自己的老客户，尤其是忠诚客户，这可以说是销售人员的巨大财富。事实的确如此，当电话销售人员打第一次电话来开发新客户时总会面临很多的阻碍；而打给老客户时情况就会大有不同，甚至一个电话就可以获得订单。

实际上，如果电话销售人员与客户第一次交往时，所提供的各项服务都很到位，并实现了愉快的成交，那么客户对销售人员不但不会有任何排斥心理，而且还可能会很期待着新一代产品。这样的话，客户不但会接受电话销售人员及其产品，而且还会把自己在这方面的购买对象及经验介绍给其他的潜在客户，这正如乔·吉拉德所说：“每一位客户后面有250个潜在客户。”由于乔·吉拉德当时客情维护做得好，所以乔·吉拉德充满信心地说：“买过我汽车的顾客都会帮我推销。”

我们相信，如果一个电话销售人员用心做好了客情维护，同样可以像乔·吉拉德那样，赢得更多客户的支持，并使客户甘愿成为自己的销售帮手，从而推动销售人员在销售事业中获得更大的成就。

手机短信的妙用

随着智能手机的普及，人们除了用手机打电话外，在文字沟通方面普遍使用微信、QQ等聊天软件，使得手机短信仿佛被用得越来越少。那么，在电话销售中，销售人员还是否有必要再使用手机短信来辅助销售呢？答案是很有必要。这主要是基于以下三个方面：

（1）延迟沟通，从而避免影响客户。当客户情绪不佳或比较忙时，销售人员发送的短信可以通过文字的形式及时传递给客户，使客户在闲暇或情绪好转时再看，因而既不影响客户，还会保持与客户的联系。

（2）通常情况下，手机短信都能到达用户眼前。由于现在智能手机的功能越来越丰富，人们在生活中几乎已经离不开智能手机，所以，销售人员给客户发的信息一般都会被客户收阅，所以手机短信仍是一个很有效果、很方便的信息传播渠道。

（3）能让信息保留，有助于以后查询。比如，销售人员在电话里告诉客户某个网址时，客户可能不方便记录或者有可能记错，这时，销售人员给客户及时地发条手机短信，客户在时间方便的时候就可以查看，这给客户带来了一定方便，也进一步说明了手机短信是电话销售的一个有用工具。

既然手机短信在电话销售有这么大的帮助，那么，销售人员一般在什么时间使用手机短信较好呢？

（1）当销售人员在和客户沟通时，客户由于某种原因不想在电话里听销售人员的详细解释。这时，由于手机短信具有强制对方接收信息的特点，因此销售人员可以在电话里给客户说“会以短信形式发给对方”，这样的话，虽然销售人员未能在电话里与客户进行充分沟通，但仍可以借助手机短信把自己要说的信息传达给客户，有助于双方的充分沟通。

（2）当销售人员得知客户出差或旅游在外地时，由于在外界接听电话有漫游费，或者客户在外地可能有其他事要忙，如果此时贸然给客户打电话，反倒可能会引起客户的反感。所以，这个时候，销售人员给客户发条手机短信，即使客户白天没有时间来看，晚上或闲暇的时候常会看下手机，或许这个时候会把你作为考虑的对象之一，因此，当你得知客户从外地回来后，你再打过去电话时，由于你和客户前期有过短信沟通的基础，也就便于接下来的沟通。

（3）当销售人员给客户传递简单而又重要的资料，比如网址、微信号、QQ号码时，就可以采用手机短信的方式，可以避免在电话里说错或者客户写错，对销售人员和客户都很便利。

（4）当赶上逢年过节，或者客户值得庆贺的日子时，销售人员可以通过手机短信向客户进行问候。这种情况下客户一般都不会反感，而且可能会对销售人员产生一些好感；销售人员在以后同客户再沟通时，即使客户不需要销售人员推荐的产品一般也会很客气地听你介绍，这是因为，销售人员与客户的关系已经有过前期的维系了。

（5）在客户很忙的时候，销售人员给客户打电话不方便，这时可以编辑一个简短但非常具有吸引力的手机短信给客户，引起客户的兴趣，从而让你有机会继续和客户进行下一次的沟通。由于前期有了手机短信沟通的基础，那么以后销售人员再给客户打电话时，因为客户对销售人员有了一些印象，就有利于客户与销售人员的顺利沟通。

（6）对于有些重要的客户，由于之前没有怎么联系过，假如直接打电话显得有些贸然，而一旦在第一次打电话时没有获得对方的好感，销售人员在客户面前就很难再有机会。所以，销售人员此时不妨先给客户发短信，然后再打电话，显得更为稳妥些。

（7）当销售人员与客户签订购买合同后，客户迟迟不付款，或者是客户虽然答应与销售人员合作却一直不签订单，或者是客户一再表示“考虑考虑”却一直没有结果。这种情况下，如果销售人员的电话打得太频繁，可能会伤感情，不利于后续的沟通，这时，销售人员可以利用手机短信，理性地给客户发去自己想表达的意思，恰当地将自己的意思传递给客户，同时又不至于破裂与客户之间的人际关系。

接下来，我们再看下手机短信的编辑技巧。

（1）一般情况下，手机短信务必简短、语言精练，要经过精心设计，短信篇幅不要太长，最好50字左右，超过50字的最好分成两条短信来发；否则，短信篇幅太长，客户可能不看完就删除，这样就失去了短信应有的作用。

（2）手机短信里一定要有礼貌，多用敬辞和谦辞，如“您好！”“麻烦你！”“打搅您！”“谢谢您！”“感谢您！”“麻烦你在百忙之中了解下我们！”“不好意思又来打搅你了！”等有礼貌的用语，这样客户在收到短信后，起码不会因为销售人员的无礼而反感。

（3）在手机短信里要抓住客户的需求，引起客户的兴趣，为此，销售人员要分析客户的心理，根据客户在某个阶段的最大需求，说客户最感兴趣的话，从而让客户一看到手机短信就被吸引住，如“我们合作也是双赢的，你如果不了解下，也会错过一个好的营销渠道”“我们的合作能让你的销售额增加30%以上，每年让你的公司接到30个以上的订单”等。

总之，手机短信在电话销售中也起着重要的作用，销售人员适当地运用手机短信，可以有效地增加客户对自己的好感，也便于向客户进行自我推销。

电话销售成功的六大因素

电话销售是当今销售行业运用得较多的一种销售方式，能否做好电话销售，对销售人员的销售业绩起着重要作用。这里为读者朋友介绍实现电话销售成功的六大因素，以供读者朋友参考。

1. 准确定义你的目标客户

对于销售人员来说，准确定义目标客户有助于会增加成功率。假如目标客户定位不准，甚至定位错误，那么，即使销售人员每天接触客户数量再大、销售人员工作得再努力，销售业绩也可能不会很好。所以，准确地定义目标客户是电话销售成功的基础。

2. 准确的营销数据库

销售人员在定义好目标客户后，需要有一个客户数据库。这个数据库中的客户资料越准确，电话销售的效率就会越高，成效也会越明显。为了提高数据库的准确性，销售人员需要随时把握客户的需求变化，并对数据库进行及时动态更新。

3. 良好的系统支持

包括电话系统、客户跟踪销售管理软件等。良好的电话系统，可以确保销售人员能够顺利地向外拨出电话，这显然是销售人员与客户沟通的前提；另外，销售人员每次与客户通完电话后，最好将沟通进度输入计算机系统中，便于销售人员更好地掌握销售进度，并在不同的阶段采取相应的销售策略。

4. 适当的媒介支持

一般来说，如果电话销售人员在打电话给客户时，客户在此之前已经通过一些媒介渠道（如广告、电子邮件等）知道了销售人员所在的公司，那么销售人员在与客户沟通时，显然会相对容易些。因此，电话销售不是孤立的，通常需要市场活动的积极支持和配合。

5. 电话销售流程需要多方参与

在一个成功的电话销售流程中，除了销售人员的个人努力，还需要企业内部的多方参与，比如说，销售人员给客户介绍产品时，客户需要了解产品的售后情况，而这时售后部门又缺乏配合，这种情况下，即使销售人员获得了客户前期的好感，但由于销售人员的承诺没有其他相应的部门的兑现，也会影响销售人员在客户心目中的形象与可信度。可见，一个完整而成功的电话销售流程并非销售人员单打独斗的过程，还需要各个部门紧密地配合。

6. 电话销售人员要不断地提升自己的专业度

电话销售是由电话销售人员直接完成的，与客户的关系通常也是由电话销售人员来维持，很多客户也是通过电话销售人员而形成对企业的第一印象的。所以，销售人员在电话销售中的作用毋庸置疑，为此，销售人员要不断地提升自身的业务本领，为客户提供更好的服务。

此外，销售人员在明确了实现电话销售所需的六大因素以外，还需要对电话销售整个过程有清晰的认识。这是因为，一个成功的电话销售通常会经历三个阶段，每个阶段需要销售人员对应的技能。

第一个阶段是引发兴趣。也就是说，销售人员要引发电话另一端潜在客户的足够兴趣，只有这样，销售人员才能获得销售机会。在这个阶段，销售人员需要的技能是对沟通话题的掌握和运用。

第二个阶段是获得信任。在最短时间内获得一个陌生人的信任是需要高超的技能，以及比较成熟的个性，销售人员只有在赢得客户信任的基础上才有可能展开销售，才有可能实现销售成交。在这个阶段，销售人员需要的技能是在短时间内展示自己的真诚与专业度，将自己成功地推销出去，从而获得客户的信任。

第三个阶段是双赢的合约。在销售的最后阶段，销售人员要能够与客户在双赢的问题上达成一个平衡点，并在这个平衡点上实现成交。在这个阶段，销售人员需要的技能是及时地防范和预测异议、果断地把握成交时机等。

任何能力的培养均需要付出一定的时间、精力和毅力，做好电话销售工作也不例外。我真诚地希望从事销售职业的朋友们用心练好基本功，赢得更多的客户，在销售事业中获得辉煌！

第九章

★★★★★★★★★★

网络销售如何推销你自己

★★★★★★★★★★

借力网络资源打造个人品牌

微博达人是怎样练成的

用博客自我营销

QQ高级使用指南

用微信营销自己

建个人网站来营销自己

在百科营销中展示你的风采

常用电子邮件与客户联络

借力网络资源打造个人品牌

小栗大学学习的是工商管理专业，大学毕业后，他在天猫上开了家网店，主要销售摄影器材。开业一年来，每天都有大量的顾客到小栗的网店上浏览、购物，还在网店的留言处赞扬小栗服务好，小栗的年营业额也很快达到一百多万元。

那么，小栗所开网店的人气，为什么增长率会那么迅速，短时间内为什么会迅速吸引那多人的关注？原来，小栗开了自己的博客和微博，在QQ和微信上用心进行了装饰，在阿里旺旺中及时回答顾客的问题等，从而使自己在网络世界中树立了良好的品牌效应，赢得了广大顾客的信任，销量也随之接连升高。

正如上述案例中的小栗所示，现在网络销售已经成为销售中非常重要的一个渠道，甚至有些企业的收入大部分或全部来自于网络销售。作为一种销售方式，网络销售仍然遵循销售的规律，包括销售人员在网络销售中卖出产品以前，通常与成功的自我推销有关。

可以说，在互联网的世界里，销售人员有更多的空间来进行自我推销。除了上述案例中小栗所采用的一些网络销售方法以外，网络销售的方法还有搜索营销、网站营销、软文营销、论坛营销、QQ与微信营销等。这些营销方法如果我们运用得当，就有利于自己进行很好的个人品牌营销。

实际上，不管现实社会还是虚拟网络，都需要个人品牌，品牌是无形的价值，会为你带来意想不到的效果。的确，在互联网时代的销售环境下，很多时候，客户从销售人员那里购买产品时，只是通过网络的渠道便对销售人员产生了信任与好感，从而产生了购买行为。

可见，在当今互联网时代，销售人员充分利用网络渠道进行自我推销，会有利于销售活动的开展。在上述案例中，小栗就是积极利用网络资源，使自己在网络世界形成了良好的个人品牌，而这又使自己的销售直接受益，产生了可观的销售业绩。

所以，能否把自己成功地在网络世界中推销出去，对销售人员来说，正在变得越来越重要。正是基于此，销售人员在网络世界中的个人品牌往往构成了销售人员自我推销的一个重要组成部分。在这里，所谓个人品牌通常指某种印象或情感，它和商品品牌相似，是质量、理念、文化的综合体，由知识、技能、经历、品格、个性和知名度等多方面组合而成。

在网络世界中的个人品牌，具有独特性、相关性和一致性的特点。所谓独特性，是指个人品牌代表了某种东西，建立在特定个体的价值观基础上，而价值观又决定你如何区别于他人；所谓相关性，是指个人品牌代表的某种东西能够与他人认为重要的东西联系起来，比如物美价廉等；所谓一致性，是指个人品牌作为一种品牌，本身代表了一种言论与行为上的一致性，从而为你赢得持久的信誉。

比如说，在上述案例中，小栗在个人博客、微博、QQ、微信等自媒体上为客户提供有益的阅读资料，分享自己所从事领域的经验心得，方便人们的生活，还在阿里旺旺上及时回答客户的疑问等，这本身便是积累个人品牌的体现；当网络世界中关注小栗的朋友越来越多时，意味着认可小栗所做服务的人越来越多，这可以理解为，小栗正在通过网络渠道把把自己成功地推销了出去，那么接下来，小栗所售产品的畅销也就是可想而知的事情了。

其实，现在很多销售人员都在用心做网络销售，但是有的销售人员做得好，有的可能做得欠佳，一个重要原因是：销售人员是否看透了网络销售？网络上可以用来推广的渠道很多，但万变不离其宗，销售人员利用网络销售渠道时，仍然需要先把自己推销出去，在此基础上，才会有效地实现产品销售。

互联网世界扩大了销售人员的销售空间和时间，可以说，销售人员一旦在互联网中成功地树立了个人品牌，并为大量客户所接受和信赖，那么，销售人员的个人品牌就会在互联网世界里昼夜不停地服务于销售人员的销售工作，并促进销售人员的业绩持续提升。

微博达人是怎样练成的

在网络销售的阵地中，微博营销是一个重要的渠道。销售人员可以在微博上积累海量粉丝，从而成为微博达人，并树立自己的个人品牌。如果客户能够成为销售人员的粉丝，那么在需要购买相应的产品时自然会先考虑或比较销售人员的产品。为此，销售人员很有必要学习如何成为微博达人。

通常情况下，销售人员在进行微博营销的过程中，首先在注册微博账户时要确定自己的微博头像，一般建议选用销售人员个人的标准照片；如果销售人员要经营是一个企业微博，那么微博头像一般是企业的LOGO；其次，销售人员还要在微博的个人资料中，设置自己的介绍词与网址等。

销售人员在微博营销中设置好个人资料后，接下来可以参考如下做法快速增加粉丝的数量和质量：

第一，注重微博的原创性。有些销售人员在做微博营销时喜欢转发别人的帖子，如果你的粉丝经常看到你在转发别人的帖子，却鲜有看到你的原创，那么久而久之，还会有多少人愿意来关注你的微博呢？在微博中，人们更热衷于收听原创信息。所以，我们应该坚持每天发几条原创的微博，如果实在感觉不好操作，退而求其次，可以对其他微博平台海量的微博信息进行适当选择与修改再发到自己的微博上，而不应该一味地转发、没有自己的工作付出。

第二，就是我们前面说的对发布微博的数量进行控制。试想，假如别人关注你的微博后频繁地收到你微博的信息，以至于手机屏幕几乎被你一直“刷屏”，那么别人会做何感想？一般来说，这可能会使别人反感，甚至取消对你微博的收听。一般来说，在一天之内，按照不同的时间段，坚持每天发五条左右微博就已足够。

第三，把握发布微博的时间段。在实际生活中，有些销售人员不懂得把握发布微博的时间段，从而损失了大量的信息转发与粉丝。那么，微博选择在什么时间段发布较好呢？据调查发现，9:00～10:00、12:00～13:00以及19:00～21:00，这些时间段里微博的上线人数相对是比较多的。所以，选择在这些时间段发布微博，效果会更好些。

第四，多关注他人的微博。要想让别人来关注我们，我们不妨先去关注别人，比如说，主动关注别人的微博，与别人实现微博间的互相收听，都有利于增加粉丝数量。

第五，利用好微博的排名策略。在微博中也存在搜索关键词的问题，所以，想让自己的微博排名靠前些，可以使得微博名称里带有自己营销主题的关键词，在发布微博的内容里也最好能够带上这些关键词，这样的话，只要有人在微博平台上搜索相关信息，那么，我们的微博就可以有较好的排名。

除了上述五种做法，我们还可以采用这些技巧：

在微博中发布信息时，语言务必精炼。说实话，在编写微博时，用短短的140字去打动受众的确不是简单的事情，所以微博作者要不断提升自己的写作能力。在此基础上，如果作者能够将自己的生活点滴分享给大家，也有助于持续获得一群志同道合者的关注。

主动加话题，找兴趣小组，注重使用相应的符号。进行微博广播时，在要广播的内容前加“##”的符号，有助于让持同样兴趣的人快速找到你，从而增加粉丝数量；在广播时使用“@”符号，可以单独为特定客户定制微博服务，这种一对一的效果容易受到客户的好感。

懂得为微博配上适当的图片。如果一条内容上乘的微博再配上相应的图片，无疑会更加有吸引力。图片有助于增强阅读性，图片选用得当会使人眼前一亮，从而增加微博的受欢迎程度。

总之，微博营销是一项非常有创意的活动，销售人员结合上述做法与技巧，再在实际工作中不断地揣摩与实践，相信会找到更好的微博营销方法，从而在微博中树立自己的个人品牌，吸引大量客户粉丝，使销售人员的销售工作大受裨益。

用博客自我营销

在手机时代，微博虽然盛行，但并不能代替博客。这是因为，微博每次发文不能超过140字，这就限制了内容篇幅与思想深度的表达；而博客不限篇幅，适合大篇幅的内容与有深度的思想解析，可以比较全面而深入地展示自己。

所以，销售人员借助一些大的博客平台如新浪、网易等，有助于与很多潜在顾客成为博友，进行深度的思想交流与互动，也便于顾客更好地了解自己，从而促进自我推销。

销售人员既然可以使用博客进行自我推销，那么，我们就很有必要比较全面地了解下博客的特点。博客的特点主要有以下四点：

1. 细分程度较高，宣传定位比较准确

博客从实质上来看，可以理解为个人的一种网上出版物，所以拥有其个性化的分类属性。基于此，每个博客都有其不同的受众群体，其读者也往往是一群特定的人，细分的程度远远超过了其他形式的媒体。相对来说，博客的细分程度越高，那么宣传时对顾客群体的定位就越准确。

2. 互动传播性强，信任程度比较高，口碑效应好

博客在宣传营销中同时扮演了两个角色，既是一种媒体，又是个人，所以能够很好地把媒体传播和人际传播结合起来，通过博客与博客之间的网状联系扩散开去，从而放大传播效应。

通常情况下，每个博客都拥有一个相同兴趣与爱好的博客圈子，博友在这

个圈子内，相互之间影响力很大，可信程度也相对较高，博友之间的互动传播性很强，所以能够创造的口碑效应和品牌价值也就很大。

3. 能在一定程度上引导网络舆论的潮流

由于人们有一种表达个人感受的内驱力，所以人们会在博客上发表自己对某一个问题的看法，同时，博友之间及浏览者均会受到这种看法的不同程度的影响，这说明博客的影响力度在一定程度上可以影响舆论走向。不仅如此，一些被称为“意见领袖”的大型个人博客所发表的评价和意见也会在短时间内在网上迅速传播，从而对个人品牌塑造形成很大影响。基于此，假如销售人员成为“意见领袖”型的博主，那么自然会吸引大批粉丝关注，这些粉丝里通常包括大量的潜在客户。

4. 有助于降低传播成本

销售人员通过博客进行口碑营销时，主要是在编辑好个人博客，丰富相应的博文与图片，所以成本控制相对要低廉些。另外，销售人员撰写的优秀博文会引发博友之间的转发，这种转发具有时空的无限性，便于销售人员用较低的成本，获得较大的宣传效果。

在了解博客特点的基础上，销售人员具体应该怎样进行博客营销来打造个人品牌呢？可以参考如下做法：

第一，选择好博客托管网站，注册博客账号。

我们要选择那些功能完善、稳定，适合企业自身发展的博客营销平台，从而获得发表博客的资格。在选择博客托管网站时，建议选择访问量大、知名度高的博客托管网站如新浪、搜狐、网易等，在这些博客网站上注册账号后，就可以发表博客了。

第二，坚持定期更新博客，不断丰富博客内容。

销售人员在进行博客营销时，应该持续更新博客内容，这样才能更好地发挥博客的宣传作用。为此，销售人员应该适当锻炼下自己的写作技能，努力创作高品质的博文，以持续吸引客户的关注。

第三，掌握一些博客营销技巧。

销售人员在自己的博客中要对博文进行分类，有些类别是关于自己产品方面的，有些类别则是服务于公众的，如分享一些心理保健美文等；销售人员也可以在自己的其他网络资料中主动提供自己的博客网址，便于更多人知道自己的博客地址等。在博客营销的技巧方面，建议读者朋友借鉴这个博客http://blog.sina.com.cn/lizhangyong689，从中直观地感受博客的魅力。

最后，我们要说的是，博客营销正在成为销售人员网络营销布局中一个重要的领域，建议销售人员用心经营好自己的博客，在和客户沟通时，在必要情况下可以推荐客户看下自己的博客，这对提升客户对销售人员的好感是很有帮助的。

QQ高级使用指南

如今，在网络世界中，QQ的普及程度可谓非常之高，甚至可以说，不少人第一次上网便是从使用QQ开始的。应该说，QQ已经成为人们日常生活中的一个聊天软件，人们普遍对QQ比较熟悉。然而，关于QQ的高级使用方法可能并非所有人都熟悉。为此，我们来看销售人员如何使用QQ进行个人品牌营销。

一般来说，销售人员使用QQ进行营销时所选择的QQ头像要有特色，而且要规范，比如，对于仅宣传个人形象的建议使用个人规范的照片；如果进行企业层面的营销，则QQ头像建议使用企业的LOGO标识。

销售人员在给QQ取名时，推荐使用个人的名字，因为这有利于个人姓名作为一种资源，在网络世界里进行积淀，也有利于个人品牌的形成；QQ里的个人资料越丰富越好，信息真实性要高，这样才能更好地提升销售人员的可信度。

在QQ空间中，销售人员要以展示和更新本公司的产品为主，需要注意的是，销售人员前期不要转发本公司的任何资料，后期可以适当转发或者原创几篇自己使用本公司产品的心得，从而使潜在客户认为你是站在客户的角度上来写的，从而增强潜在客户对本公司产品的信任度；QQ空间里还有一个相册功能，这也是销售人员宣传自己的重要渠道，销售人员可以将一系列有宣传价值的产品图片放在QQ相册里，从而使得潜在客户更为直观地了解我们的产品，同样需要注意的是，销售人员在前期需以生活照、旅游图片等为主，后期可以适当晒一下自己使用公司产品的照片，但不宜太多。

另外，QQ签名会显示在昵称的下面，会被用户很容易地看到，所以，在QQ签名里，销售人员要尽可能展现出你能为客户提供的产品或服务。

关于QQ自动回复的设置，这主要是用于你在忙碌的时候，别人给你发来信息时你QQ会自动给对方回复一条信息，告诉对方你正在忙碌，稍后再与对方联系。在这个自动回复里，我们可以设置为能给用户提供的服务，以及用户如果需要紧急咨询的话，还可以有其他的联系方式（如自己的电话、E-mail等）。

销售人员在使用QQ邮件时，鉴于现在运用邮件营销的方法已经很普遍，垃圾邮件也非常泛滥，为了使我们发给潜在客户的邮件能被收看，对于邮件标题、邮件内容都要用心策划，力争让潜在客户觉得收到我们的邮件，进行阅读是很有价值的。

在QQ邮件自动回复的设置方面，假如潜在客户给我们发了封E-mail，我们推荐将自己的QQ邮箱设置为自动回复，这样可以使潜在客户刚发给我们邮件就可以收到我们的回复，这有助于提升潜在客户的满意度。设置邮件自动回复的内容，与前面所述的QQ自动回复内容相似，主要是体现出邮件已收到、将尽快查看、尽快回复，以及留下自己相应的联系方式等。

QQ里还有一个重要的功能，即QQ群功能。我们在这里主要介绍加入QQ群；在加入QQ群的时候，对于成员少、不活跃、同质化太严重、目标人群不集中的群一般不要加入；在加入QQ群后我们要及时修改群名片，适当地在群内发言，不要一直“潜水”，从而提升我们在群内的排名。

销售人员可以多发展QQ好友。这是由于人们可以在QQ里进行深入交流，所以便于发展QQ好友；当你在QQ中发展了多位好友的时候，那么向好友介绍产品，或者请好友为自己推广产品，自然会容易些。

最后，用过QQ群的人一般都会知道，QQ群里有个群共享，群里的所有成员均可以看到群共享里的文件，而且在正常情况下，群共享里的文件可以永久保存。所以，我们可以在群共享里上传一些产品的宣传资料，从而使得群成员在浏览群共享时，就无意间看到销售人员的推广信息，包括联系方式，久而久之，销售人员所销售的产品会被越来越多的人了解，也有助于个人品牌的传播。

总之，QQ作为一种应用极为广泛的即时聊天软件，从推出到现在已经集成了很多功能，所以，QQ里还有很多营销技巧需要继续挖掘。我们在此希望为读者朋友抛砖引玉，相信读者朋友会在实际运用中进一步总结出QQ更多的使用技巧，以更好地进行自我推销。

用微信营销自己

现在，人们使用微信进行联络与沟通越来越频繁了，微信中的功能也越来越多。对于销售人员来说，可以充分利用微信的社交功能，与客户在微信中进行互动，吸引客户的注意力，留下好的印象，从而成功地进行自我推销。

可以说，在微信中进行自我推销的方法有很多，比如建微信公众号、建聊天群、在朋友圈里分享信息等。我们在这里主要介绍销售人员如何利用微信朋友圈进行自我推销，这通常也是人们在微信中塑造个人品牌、培养个人魅力的常用方法。那么，我们在微信朋友圈中怎样做，才能有较好的宣传效果呢？

1. 做好个人定位

销售人员在微信朋友圈中进行自我推销时，首先要做好个人定位，这种定位要与你的优势、爱好、个性有关。在日常生活中，有些人在微信朋友圈中没有一个定位，内容显得杂乱，也不符合自己的个性，就不方便传播。

为此，你要把自己的优势发挥出来，对自己有清晰的定位，让别人知道你的优势，这样的话，总有人会认同你，也便于你在微信朋友圈里打造你个人的品牌。另外，你的微信名字、头像、个性签名等也都要与你的个性相关。

需要注意的是，销售人员在微信朋友圈里进行个人定位时，一定不要忘记了自己的爱好。俗话说，兴趣是最好的老师，做自己喜欢的事才会有激情，才会用心去做。因此，选你所爱，爱你所选。

2. 坚持原创

通常情况下，销售人员在朋友圈里会适量发布一些产品图片和信息；很多时候，这些图片和信息只是简单的复制和粘贴，这样做的话，销售人员不过是在做着内容搬运工的事情，几乎没有自己的原创内容。

我们需要再次强调的是，原创的东西才有更好的差异性、新鲜感、吸引力。基于此，不管是你的产品广告，还是你的生活分享，我们都建议采取原创的方法，而不要清一色地复制粘贴。这是因为，哪怕是你借鉴别人的东西，你也要进行一些修改，将自己的一些观点融入其中，这个时候才有显著的差异性，别人才能看到一个真实的人、一份坦诚的生活态度，才会有信任感。所以，原创的文案一般互动性都比较高，销售效果自然也会好一些。

另外，我们在发每一条信息到微信朋友圈的时候，都应该去思考为什么要这么发，为什么要这么写，一定要深思熟虑，要有目的性地去做这样一件事情。这样的话，我们在适当的时候发到微信朋友圈里的原创内容，会显得个性鲜明，这样的内容也会让人越看越想看。

3. 互动技巧

我们要在朋友圈里多些互动，这样的话，朋友圈才能有很强的互动力，你的点赞、评论也就会很高，会有利于销售工作的开展。所以，销售人员前期的主要任务是要把朋友圈的互动性调动起来。要做到这一点，我们首先要坚持原创，在此基础上，增加互动性。关于增加朋友圈里的互动性，我们可以采用提问互动式，这要求所提的问题容易引发人们的关注，才会带来较多的点赞与评论；我们在朋友圈里发的内容要具有较强的娱乐性，从而给别人带去快乐等。

4. 营造有品位的朋友圈形象

销售人员在朋友圈里要营造一些高品质的元素，让客户感觉销售员所交往的人都是较有素质的人，这样的话，可以提升销售员在客户心中的地位。

5. 配图要有讲究

销售人员在朋友圈里发的内容，配图中不要有太多的广告，聊天截图也不宜过多，配图最好是自己拍的照片，这样更真实。一般来说，配图要有个性、吸引力和幽默，文字最好不要超过140个字，让人一眼就能看完是最好的。

6. 学会借力

在微信中，总有一些拥有海量粉丝的达人，这些达人有很高的人气。销售人员不妨平时与这些达人多问候，久而久之便可能成为朋友；如果这样借助一些微信达人的力量，让微信达人适当地帮自己点赞、宣传，那么在宣传广度和深度上都会有更好的效果。

7. 适量提供价值分享

在微信朋友圈里，要么不分享，要分享就分享精华，这也是你态度的一种表现。一般来说，我们在微信朋友圈里要多一些生活分享、少一些广告成分，多一点正能量、少一点抱怨牢骚，还要注意在朋友圈里的分享数量，不宜过多，以每天不超过五条为限，如果分享数量过多，可能会在一定程度上影响朋友圈里的好友。如果销售人员能够长期坚持这样做，那么自己优秀的人格魅力，便可以通过微信朋友圈让顾客感觉得到。

总之，微信给销售人员的自我推销提供了很大便利，希望销售人员能够充分利用微信的各个功能尤其是朋友圈功能，从而传递给客户较好的印象。

建个人网站来营销自己

个人网站是网站分类中的一种，主要是个人经营的网站，以宣传个人所从事的业务为主。个人网站与博客不同的是，博客通常依赖于某一个知名度较高的博客网站，如新浪、网易等而存在，因此，博客的域名一般是这些大型博客网站的次级域名；个人网站则有独立的域名，而且域名也便于人们记忆，并且不依赖于某些博客网站，这样个人网站的站长在宣传和经营自己的业务时会有更大的自主性。

为此，销售人员可以考虑通过申请和购买一个域名及网站空间，创建一个具有独立自主性的个人网站，显然，这样的个人网站会有较强的个性化色彩，相当于销售人员在互联网世界中有了一块宣传自己和业务的“根据地”，有助于销售人员在网络世界中树立个人品牌，对于销售人员的自我推销也会大有帮助。

我们接下来看看如何经营好一个个人网站，并使得个人网站更好地服务于自己的工作。

（1）注册一个合适的域名。比如，销售人员可以选用自己名字的汉语拼音全拼字母作为个人网站的域名，这样的话，方便易记；在顶级域名方面，可以选择“.com”“.net”“.org”等。其中，“.com”一般是公司类的网站，“.net”一般是网络技术方面的网站，“.org”一般是组织类的网站。销售人员可以根据实际情况，选择合适的域名，选用域名的原则是简短而容易记忆，尽量与自己和所从事的业务相关。

（2）选择适当的网站空间。我们经营个人网站时，网站页面内容是要存储在一个服务器里的，服务器里存储网站内容的文件夹一般称为网站空间。一般来说，网站空间可以使用独立的服务器，不过这样做的话，成本会高些；还可以使用虚拟空间，这主要是由一些网站空间提供商所提供的网站空间，相对来说，价格较低廉。对于个人网站来说，建议使用虚拟空间，现在有些网站空间提供商对于一些内容较简单的静态网站，可以免费提供一定量的网站空间，这样的话，销售人员在自建个人网站时可以进一步降低成本。

（3）做好网站的内容。这可以说是个人网站的根本，如果没有好的网站内容，那么前期做的注册域名和选用网站空间的工作成效就难以体现。在网站内容方面，销售人员可以根据自己的建站目的，将网站内容划分板块，从而便于网站内容的分类清晰；在此基础上，销售人员要将优质内容充实进网站，尽可能给登陆自己个人网站的客户留下好的印象，从而便于个人品牌的塑造。

（4）多与别的网站做“友情链接”。网站中通常有“友情链接”的功能，销售人员可以主动与其他网站沟通，与别的网站做互相链接，从而实现多个网站的资源整合，使得客户在浏览其他网站时，增加看到自己个人网站的概率。

（5）注重打造自己的品牌。销售人员在创建个人网站时应当先策划好自己的网站品牌，选用一个有个性的网站名称并长期使用；通常情况下，打造一个品牌需要时间积累，所以销售人员要持续通过各种渠道，来推广自己树立的品牌，久而久之就会起到一定的品牌效应。

（6）要专注某一个较窄的行业。一般情况下，个人网站的内容宽度是有限的，销售人员要懂得网站聚焦，切忌贪图“大而全”，要立足于“小而美”，把自己所从事的领域做专、做好，往往更能够吸引目标客户的注意力。

总之，随着互联网的普及，网络触角几乎已经伸入每一个角落。为此，销售人员一定要积极拥抱互联网时代，并在常规销售技能的基础上，掌握一些运用互联网工具的技能，这对销售人员在新时代下的自我推销会很有帮助。

在百科营销中展示你的风采

所谓百科营销，是销售人员借助百科知识，将自己要传播的信息传递给潜在客户，从而在客户心目中树立一种权威与好感，为销售做好铺垫。销售人员进行百科营销时，首先要选好相应的百科网站如百度百科、360百科、维基百科等，然后在百科网站中精心创建百科词条。举例来说，销售人员以自己的名字做个百科词条，那么，客户在搜索引擎里输入销售人员的名字时，就能看到关于销售人员的介绍，这显然有助于促进销售人员对客户进行的自我推销。

既然百科营销能够为销售人员的工作带来便利，我们接下来就比较全面地了解百科营销。一般来说，百科营销具有这样几个特点：

（1）百科营销是一种深度营销。通过百科营销，可以借助某些权威的搜索引擎平台，将销售人员要传播的知识系统而有条理地进行梳理，便于给客户留下深刻的印象。

（2）利用百科来提升品牌形象。在日常生活中，人们要查询某些概念时，通常会在搜索引擎网站（如百度、谷歌等）中进行搜索，一般来说，百科会给人留下公信力和权威性的认识。因此，销售人员拥有自己在搜索引擎中的百科词条，相当于拥有了较高的品牌形象。

（3）有利于面向精准人群营销。一般情况下，人们在搜索引擎里查看某些百科词条时总是基于某种特定的需要，当潜在顾客搜索到并查阅销售人员的百科词条后，对销售人员来说，相当于自己已经向精准的潜在目标客户进行了自我品牌推广。

此外，在搜索引擎中，百科词条的权重较高，比如说，我们在搜索百科词条的关键词时，搜索引擎中出现的百科词条会比较靠前；而且，我们还可以在编辑百科词条时加入一些链接（如自己的个人博客等链接网址），这样的话，潜在客户只要看了我们的百科词条，就可以通过百科词条，再看到我们的博客等信息，这也便于我们向潜在客户更全面地展示自己。

基于百科营销在销售人员工作中的重要性，我们在编辑百科词条时，要真心投入、用心编辑，只有这样，才能编辑出优质的词条内容，并吸引众多潜在客户的注意。一般来说，我们在撰写百科词条时，对词条的知识内容难度要把握得当，如果知识过于深奥，潜在客户就难以理解和消化；如果知识过于简单，又会让读者觉得有些浅陋。所以，百科营销讲究词条内容“简而精”，即词条内容越简单易懂越好、越精炼越好。

在百科词条的编辑方面，很多搜索引擎都对编辑百科词条的标准提出了要求，即我们编写的百科词条，在词条名称和内容上，不能与现有的其他百科词条高度相似，否则我们所编辑的百科词条就难以通过。为此，我们在编辑百科词条时，需要投入一定的时间和精力，用心去编写。

基于运用百科词条进行自我推销的重要性，销售人员在平时工作中可以多写日常总结，练习自己的文字语言组织能力。这样有助于销售人员编辑出高质量的百科词条；作为个体的人，销售人员或许难以逐个向众多的潜在客户去一一介绍，但借助百科词条的力量，只要客户在上网时看到了自己的百科词条就相当于销售人员在无形中一次次对客户进行着推广宣传，从而促进销售人员个人品牌的发展。

总之，销售人员要用心编辑百科词条，积极利用百科词条进行自我推销，从而有助于销售人员向越来越多的客户展示良好的形象。

常用电子邮件与客户联络

电子邮件又称为E-mail，是现在很多人平时使用的一种网络工具。通过电子邮件，人们可以很方便地互相交流。对于销售人员来说，可以充分利用电子邮件与客户进行联络，包括在电子邮件中对客户进行问候、销售跟进等，从而有效增加销售人员与客户之间的熟悉度。

销售人员在使用电子邮件辅助开展销售工作时，很有必要全面地了解电子邮件，从而在具体使用中做到有的放矢。电子邮件作为一种网络工具，除了具有突出的优势以外，还有些鲜为人知的劣势存在；我们在充分了解电子邮件优劣势的基础上，便于更好地使用电子邮件开展工作。

关于电子邮件的优势，一个重要的表现是，无论花费的时间和精力还是经济方面，营销成本都非常低廉。另外，销售人员写好电子邮件后，瞬时就可以把这封电子邮件发送给客户，因而具有快速的特点。再者，对于有些不愿直接被电话打扰、倾向于选择电子邮件的客户来说，及时给其发送电子邮件就可以与客户保持密切的联系。

在电子邮件的劣势方面，主要是销售人员给客户发送的电子邮件，是否能够引起客户的兴趣，以及电子邮件的内容是否是客户所需要的。假如销售人员发送的电子邮件被客户视为“垃圾邮件”，会在某种程度上削弱销售人员在客户心目中的形象。为此，销售人员务必要控制电子邮件的数量和质量，用心去写电子邮件。

我们在初步明确了电子邮件优劣势的情况下，再看下使用电子邮件时都有哪些禁忌。销售人员对这些方面要引起高度注意，力争使电子邮件发挥积极正面的作用，而非消极负面的作用。

（1）滥发邮件。对此，我们建议销售人员不要无目标地轻易发送电子邮件，以免引起顾客的反感；最好是在发送前，用心揣摩下自己发这封电子邮件，要达到什么样的目标？为达到该目标，需要怎样组织电子邮件的内容？在明确这些问题，并确保做到的情况下，再有针对性地发送电子邮件。

（2）发送邮件过于频繁。有些销售人员误以为，既然发送邮件几乎不需要使用什么成本，那就发送的越多越“好”；实际上，过于频繁的邮件“轰炸”，只会让人厌烦，以至于被人列入邮件“黑名单”，这样的话，你将失去那些潜在的客户。

（3）邮件格式混乱。过去我们在写信时一般都会重视写信的格式；在电子邮件中，作为一封商业信函，需要具有相应的格式，包括对收件人的称呼、邮件正文、发件人签名等，邮件的格式混乱会影响邮件在客户心目中的权威性，甚至会被当作垃圾邮件处理。

（4）邮件内容的表现形式。有些人为了方便就把一些内容放到附件里面；相对于阅读正文来说，打开附件毕竟是件麻烦的事情，甚至还会让客户担心附件是否携带电脑病毒。所以，我们应该尽可能将内容写到邮件正文里，除非需要插入图片、音频、视频等，否则要慎用附件。

（5）邮件主题的问题。邮件主题应言简意赅，以便收件人决定是否需要继续阅读邮件内容；所以，我们要规避没有邮件主题或者邮件主题故弄玄虚的行为，像一些“老朋友，你好！”或“回复：请帮我查找某资料”等邮件主题明显会引起收件人的反感，需要规避。

（6）隐藏发件人的姓名。这种做法会让人觉得不是正常的商务活动，影响邮件在收件人心目中的形象；还有些邮件将发件人写成模糊的词汇，如“你的朋友”“远方的人”等，如果这些邮件用作营销的话就会面临很大的问题，应该进行规避。

（7）不及时回复邮件。评价电子邮件营销好坏的一个重要标准，就是客户的反应率；假如电子邮件发送出去后毫无回音，那这个电子邮件营销的举动一般认为是失败的。当客户有回复后，销售人员必须及时做出答复；否则，客户长时间得不到答复，就会怀疑销售人员的服务质量，有可能会转到竞争对手那里去。

总之，运用好电子邮件将便于销售人员与客户的联络及销售人员的自我推销。希望销售人员在上述使用电子邮件需注意的问题基础上，积极总结电子邮件的使用技巧，不断提升运用电子邮件开展营销的能力。

第十章

★★★★★★★★★★

做销售就是做服务

★★★★★★★★★★

销售的本质是一种服务

勤学苦练业务技能

做销售不能不懂心理学

销售不仅是专家，还是杂家

真正的销售在于销售之外

销售自己但不出卖自己

用一颗感恩的心做人做事

销售的本质是一种服务

做销售，实际上是在给客户提供服务，并不仅仅是将一个又一个的产品卖给不同的客户；销售工作做得好不好，实际上就是服务做得好不好。所以，销售的本质是一种服务，销售的过程就是服务的过程。

纵观世界上一切成功的销售人员，无不是关心顾客、对服务质量精益求精的销售人员。这些成功的销售人员在售前为顾客提供无微不至的咨询服务，帮助客户发现与确认需求；在成交后，还力所能及地为客户提供贴心的售后服务。因此，一个销售人员获得了成功，是源于其精诚的服务。

日本著名的“销售女神”柴田和子通过销售人寿保险，成为年收入17亿日元（约3亿人民币）的销售员，她本人连续16年蝉联日本保险销售冠军，并荣膺“日本保险女王”的称号。柴田和子在总结自己的成功时将其归纳为两个字，那就是“服务”。

同时，美国一位年收入10亿美元的保险销售员乔·甘道夫也将自己的成功归结于服务。在乔·甘道夫看来，无论顾客是大顾客还是小顾客，每位顾客都会从自己身上获得相同的服务。对此，乔·甘道夫说：“我有义务为他们服务一辈子。”

实际上，“销售即服务”这一理念正在受到越来越多人的认同。正是因为“销售即服务”，才凸显出销售人员工作的价值所在，即持续地为客户提供优质的服务。在这方面，世界上最伟大的推销员乔·吉拉德也一再强调：“销售的名称就叫作服务，尽量给你的顾客最好的服务，让顾客一想到抛开你、与别人做生意就有罪恶感。”当然，要达到乔·吉拉德所说的服务程度，显然需要销售人员做大量的服务工作。

比如，乔·吉拉德在做销售员的时候，为了给顾客提供最佳的服务，他每个月都要给客户寄出1400张卡片问候函，一年下来就是16.8万张。为此，乔·吉拉德花费在邮件上的费用比一般推销员要多许多。那么，乔·吉拉德为什么要这样做呢？因为他要告诉顾客一件事，那就是：乔·吉拉德喜欢他们，愿意为他们做出尽可能多的服务。乔·吉拉德这种做法的结果是，有65%的老顾客就因为问候函的缘故从他那里购买汽车。

因此，乔·吉拉德将自己的销售业绩归功于自己为客户提供了优质的服务。这正如他所说："事实上，关键不在于你销售什么东西，而是当你真的想要服务于顾客时，你会发现，顾客拒绝购买你的产品的现象开始逐渐减少，出现更多的，将是顾客不断地从你那里购买产品。"

可见，销售人员能否把自己成功地销售给客户以及销售业绩好坏的差别，并不在于你销售什么样的产品，服务才是主导因素。如果你服务良好的话，你会发现会有越来越多的客户选择你；如果你无法提供良好的服务，那么你就无法建立稳固的客户群，也不会有良好的声誉。

说到服务，就不能不提家电领域巨无霸型企业海尔集团。人们都知道海尔集团CEO张瑞敏（当时的青岛电冰箱总厂厂长）在1985年果断砸毁76台有缺陷的冰箱的事迹，也因此对海尔的产品质量向来是有着十足的信心。其实，海尔在服务方面的理念、执行力方面的标准一点也不输给海尔在质量方面的要求。

一个星期五下午两点钟，德国一位经销商史密斯先生打来电话，要求海尔两天之内发货，否则订单自动失效。要满足客户的要求，意味着当天下午货物就要装船，而海关等部门五点下班，因此时间只剩下三个小时。按照一般的程序，货物当天装船根本无法实现。

海尔员工的销售理念是："订单就是命令单，保证完成任务，海尔人决不能对市场说'不'。"

于是，几分钟后，船运、备货、报关等工作同时展开，确保货物能按客户的要求送达。一分钟、两分钟、十分钟……时间在一秒一秒地逝去，空气似乎也变得凝固起来。执行这项任务的海尔员工全都行色匆匆，全身心地投入到与时间的赛跑中。

当天下午五点半，海尔员工向史密斯先生发出了“货物发出”的消息。史密斯了解到海尔发货的经过后十分感动，他发来一封感谢信说:“我从事家电行业十几年，从没给厂家写过感谢信，可是对海尔，我不得不这么做！”

总之，做销售就是做服务。如果你想销售成功的话，你就要询问自己，是否为客户提供了最好的服务？现实中，总会有些落魄的销售员，这主要归结于两个问题：一是你服务的人数是否足够多，二是你服务的品质是否足够好。基于此，销售人员要花出最多时间和最大精力考虑的并非单纯地销售产品，而是怎样才能为客户提供更好的服务。

勤学苦练业务技能

销售人员要为客户提供优质、高效的服务，离不开自身应具备的专业度。为此，就需要销售员在平时多学习业务技能，包括熟悉产品知识、了解公司与行业的状况等，从而为客户提供有价值的服务。通常情况下，销售人员自身的业务技能越娴熟，就越能为客户提供更好的服务。

那么，一个销售人员应该怎样锻炼自己的业务技能呢？为此，我们提供了如下做法供参考。

（1）善于反思以前的工作，总结经验，吸取教训。一个优秀的销售员总是善于反思以往的工作，并从中总结出成功的经验和失败的教训，以便将以后的工作做得更好。不管你以前的销售工作是成功还是失败，你都要认真地加以剖析，从中总结经验教训，改进以往的不足，从而更好地开展销售工作。

（2）向优秀的销售人员学习。我们平时要杜绝自以为是，要虚心地向周围优秀的人请教，不断地学习他们优秀的业务知识和销售技巧，从而有效地改进自己的工作。

（3）要制定出切实可行的销售计划。销售员每天都会遇到很多新的情况，为了确保自己精力充沛地开始销售工作，销售人员一般要制订工作计划，以更好地安排每天的工作，包括有计划地拜访客户。另外，销售人员在拜访客户以前也需要制订拜访计划，如：你要拜访的客户是谁，是做什么工作的，有什么特点与爱好，是否有决策权，客户还有什么其他需求，你这次拜访要达到什么目的等。只有这样，在每次拜访客户之后，销售人员才能有这次拜访是否成功进行评价，总结经验教训，为下次拜访做好准备。

（4）抓住机会，提高拜访客户的效率。销售人员在与客户沟通时，要善于把握机会，从而提升销售的成功率。曾经有位销售高手说：“销售要做的不是工作，而是机会。”很多时候，的确如此，比如说，在销售中，有时候你迟疑了一分钟，从而丧失了成交的最佳时机，那么订单就可能与你擦肩而过；或者是你费了很大力气见到了客户，却由于没有把握住一度到手的成交契机，使得你的工作功亏一篑。所以，销售人员要锻炼自己把握销售机会的能力。

（5）增大对客户的拜访量。销售人员不应该被动地坐等客户，而要主动拜访更多的客户或者多次拜访客户。一个销售员拜访的客户越多，那么购买自己产品的人就可能越多。因此，销售人员要牢记“勤能补拙”，争取拜访更多的客户，这一方面可以弥补销售技巧的不足，另一方面通过拜访更多的客户，还有助于进一步从实践中总结销售技巧，促进自己更快地进步。

（6）正确处理客户的拒绝。销售人员每天面对拒绝，可以说是很正常的事情；如果销售人员面对的一次拒绝就退缩，或无计可施，那么可能就要失去这个客户了。实际上，很多成功的销售是在多次拒绝后、仍不放弃的结果。正因为这样，才有人总结出了这样一个等式：成交=多次拒绝+最后一次努力。面对客户的拒绝，销售人员较好的做法是，与客户友好言别，在过一段时间后，客户或许已经改变了当时的心境，因此态度会好转些，即使客户的态度没有改变，你仍要去友好地面对，因为逃避不是解决问题的办法，销售人员最终还是要积极想办法去面对和解决。

总之，销售人员要不断地学习必要的业务技能，从而为客户提供更好的服务。

做销售不能不懂心理学

销售的过程，通常也是销售人员与客户交往的过程。在销售中，销售人员需要根据客户在不同阶段的心理变化，采取相应的销售策略。可见，销售人员需要懂得一定心理学知识，尤其是能够洞悉客户在销售活动中的心理变化过程。

通常情况下，在销售过程中，客户会经过八个心理阶段。作为销售人员，能够清晰地识别出客户所处的心理阶段，有助于帮助客户轻松地走完每一个阶段，从而既能将自己销售给客户，还能实现销售成交。

第一阶段，即满足于现状的阶段。处于这个阶段的客户，一般包括两种情况：一是顾客确实对自己的现状满意；二是顾客当下有问题，但是不想告诉你，他之所以告诉你“满意”，只是想敷衍你。销售人员接触处于这个心理阶段的客户时，需要辨别出客户属于哪种情况。如果属于第一种情况，销售人员一般不要主动去卖给客户产品，即使主动去销售，客户也很可能会拒绝，销售人员关键是要探索客户接下来的心理变化，一般来说，处于该阶段第一种情况的客户较少；如果属于第二种情况，销售人员也往往很难在销售中取得进展，但要帮助客户意识到问题的存在，并且问题非常严重，为下一步的销售打下基础。

第二阶段，即认知阶段。这阶段的多数客户承认自己有问题，但是没有下决定去解决问题。现实生活中，处于这个阶段的客户较多，他们已经意识到自己需要购买某种产品或服务，但并没有决定下来解决问题的具体日程，如在什么时间解决，通过谁来解决，怎么解决等。

第三阶段，即决定阶段。一般来说，客户从认知阶段到决定阶段需要一个时间过程。有两种情况可能会使客户快速地从认知阶段过渡到决定阶段，一是“灾难性”的问题，客户觉得不购买某种产品或服务，已给自己的生活带来极大的不便；二是许多小问题的积累，让客户发现的确需要购买某种产品或服务来克服这些小问题。处于决定阶段的客户，会很容易再退回到第二阶段，这是由于客户有一种侥幸心理。对此，优秀的销售人员要帮客户透彻地分析退回第二阶段所带来的风险，并引导客户进入下一个阶段。

第四阶段，即衡量需求阶段。销售人员需要确认客户最看重产品的哪些方面？这一般是促使客户决定购买的首要条件。比如，销售人员可以问顾客：“买房子的时候，您最看重的问题有哪些？”通过这种需求衡量，可以让顾客从内心更理性地意识到购买产品的必要性。

第五阶段，即明确定义阶段。我们继续接第四阶段的销售场景，当顾客回答买房时最看重“楼层好、朝向好、环境好”等问题时，销售人员要具体了解客户喜欢什么样的楼层、朝哪个方向好、环境好的含义等，从而更明确地知道顾客的真实需求。

第六阶段，即评估阶段。到此阶段，顾客已知道自己要什么东西了，于是，顾客一般会选择“货比三家”，从而找一个信得过的销售人员来买东西。这时，销售人员前期的自我推销会产生关键的作用，因为顾客在接受你的产品之前通常都是先接受你本人。所以，销售人员要自始至终为顾客提供优质的服务，以获得顾客对你充分的信任。

第七阶段，即选择阶段。由于顾客对你的信任，因此购买了你的产品，实现了愉悦的成交。

第八阶段，即后悔阶段。这是人性中不可避免的一个特点，这时，销售人员要帮顾客正确地认识产品，通过有效地帮助顾客对产品功能的更多奢望，来消除顾客后悔的情绪；同时，销售人员还要及时地做好售后服务。顾客的后悔心理被解决后又会循环到满足于现状的阶段。由此也可以看出，顾客的需求往往需要多次开发。

最后，销售是一门人与人打交道的学问，能够掌握一些心理学知识，会对销售工作很有帮助。所以，建议读者朋友平时多看些心理学资料，从工作中多总结消费者心理，不断提升自己驾驭心理学的能力。

销售不仅是专家，还是杂家

由于销售工作的特殊性，所以，销售员很多时候都是“多面手”。有时候，在顾客面前，你要对产品高度熟悉，做一个“产品专家”；有时候，你又需要在很多话题方面，能与顾客保持沟通交流。这就需要销售员不仅要熟知产品知识，平时还要多留意其他方面的知识，比如某个时期的热门话题、养生等方面的知识，成为一个“杂家”，从而与客户有更多的共同语言。

销售一般是与人交往的过程，销售人员所接触的客户通常形形色色，既有同为销售职业的客户，也有某领域的专家等，销售人员要与这些客户之间都找到共同语言，并赢得客户的好感，显然需要销售人员具备丰富的知识储备。这就要求销售人员内方外圆，有审美观，懂行为学，懂心理学，甚至熟悉多种专业背景。

销售人员作为一个“杂家”，关键体现在一个在“杂”字上，即什么领域的知识都知道一些，并广交朋友、爱好广泛、博采众长、兼收并蓄。所以，销售人员通常涉猎广泛，书籍、报刊、电视、网络、街谈、巷议，天文、地理、历史、法律、文艺、政治、宗教、体育、科技等，几乎包含了一切客户想知道的知识，因为所有这些都会使销售人员在适当的时机展现自己，找到与客户交流和沟通的话题，从而赢得客户的好感。

有句俗话说：“蜜蜂采百花而酿佳蜜。”“杂家”的特点是尽量地追求广博，平时点滴积累，而不是刻意的遇事恶补。因此，销售人员应该养成每天阅读和记录的习惯，定期组织朋友、合作伙伴聚会，参加不同的社会活动等，在生活中不断学习，在学习中不断进步。如果一个销售人员真正把自己培养成“杂家”，又对专业知识和业务技能十分精通，就肯定会取得成功。

尽管我们强调销售人员要成为“杂家”，但这并不意味着销售人员不再追求“专家”的精致服务。如果说“杂”强调的是“博”，那么“专”体现的是“精”。“杂”字体现的是“宏观”，而“专”体现的是“微观”。这里所说的“专”是指要对所销售的产品十分了解，包括产品性能、产品标准、生产工艺、加工设备、技术参数、质量要求、制造流程及使用特性等都要烂熟于心、信手拈来；同时，还要对所在企业、整个行业、竞争对手及客户的情况了如指掌。这样的话，在客户面前，你俨然是一名货真价实的“专家”形象，为客户提供最佳的解决方案，这样客户才会信赖你，从而使你顺利地完成产品的销售。

所以，销售人员追求做“杂家”是为了更好地成为一个销售领域的“专家”，通过“杂家”的才识为广大客户提供“专家”的服务，正是一个销售人员赢得广大客户青睐的重要因素。同时，销售人员要善于在“专家”和“杂家”之间完成角色的转换，这是优秀的销售人员应该具备的素质。

真正的销售在于销售之外

在销售活动中，单纯地把产品专业知识和技术特点阐述清楚已经远远不够。据统计，在一个销售谈判中，真正讲产品知识和技术特点的时间只占总时间的20%，产品之外的沟通却占总时间的80%。可见，销售人员除了与客户谈“销售内”的话题，还应该多谈“销售外”的话题，以及力所能及地帮客户做些“销售外”的事情。

接下来我们不妨看一个关于辉瑞胶囊建网站的故事，看它是通过什么标准来选择合作单位的。

辉瑞胶囊进入中国市场之初，只有英文网站，没有中文网站。随着销售业务的不断增长，辉瑞公司决定建立中文网站。这时，有两家网站公司前来竞标。经过详细的演示、介绍和陈述之后，辉瑞负责人仍然不能决定和哪一家网站公司合作，于是便告诉两家网站公司，待仔细研究之后再答复。其中一家网站公司离开后再也没有消息。而另一家网站公司当天下午就给负责人发了一封电子邮件，第二天又打了个电话，第三天又快递过来了一些打印出来的网站界面图，第四天又为辉瑞中文网站设计了一个定制化方案。一周过后，辉瑞公司给第二家网站公司打电话，承诺与之合作。

其实，辉瑞胶囊在与两家网站公司的沟通中，从没有说过哪家更有优势，也没有明确自己究竟要跟哪家合作。前一个网站公司销售员或许对自己公司的实力很自信，相信辉瑞胶囊肯定会选择他们，又或者感觉无所谓，反正自己还有别的业务要做，不能因为这一个客户天天围着他转。第二个网站公司销售员相对比较有韧劲，不管你合作不合作，反正我都要把自己的努力做到极致。有时候，即便这份努力与自己的工作无关，对方看了也会心动。当然，在做网站这件事上，第二个销售员还是很专业的，他始终围绕网站的建设来提供建议。但是对于辉瑞胶囊而言，之所以最后选择与他合作，看重的或许正是他销售工作之外的那份执着、用心。销售员维护与客户的关系也像我们在日常生活中维护与朋友的关系一样，你在对方身上花的时间和精力越多，对方就越容易产生归属感，双方合作一件事情的默契度也就越高。

由此可见，对于一些优秀的销售人员来说，真正的销售，通常不是纯粹地就产品销售而论产品销售。这是因为，销售本身就是一个与人打交道的过程，客户的需求也是多元化的，除了对产品本身使用价值的需求外，客户往往还有受尊重的需求、被关爱的心理需求等。那些真正的销售高手正是看到了客户的多元化需求，因而为客户提供了多重服务，最终得以打动客户。

实际上，在销售中，由于产品本身都已有各种参数资料可供查阅，对于很多客户来说，只要真正关注产品本身都会认真地阅读产品资料，然后再针对产品上的一些技术问题向销售人员做一些咨询，所以，销售人员与客户在产品知识方面往往谈的时间并不很长；相对来说，由于销售是在追求一种利益方面的博弈，最终通过一个相对双赢的平衡点得以成交，所以在一个真正的销售活动中，双方谈的销售之外的事情会更多，对销售成交起最大作用的往往也是销售之外的事情。

因此，销售人员不仅要关注销售本身，更要做好销售之外的事情，这将更有利于把自己推销给客户。

销售自己但不出卖自己

我们平时说“卖产品不如卖自己”“向客户自我推销”等，是由于客户在购买产品时，对销售人员所提供的销售服务的满意度将会成为影响客户购买决策的一个重要因素，这也再次印证了销售是一种有价值的服务，销售人员需要用心练习和掌握销售服务的技能，才能够为客户提供周到的服务。

客户与销售人员打交道时，通常希望和诚实、正直、有礼貌的销售人员交往，正是因为，销售成交本身意味着达成了一种合约，而合约通常是由人来履行的，所以客户是否认可销售人员，往往是成交的关键。为此，销售人员需要将自己“销售”给客户，以获得客户的认可。

同时，销售人员决不能为了单纯地销售产品、获得提成方面的利益，就采取欺骗、抛弃原则等方式，这样相当于“出卖”了自己的人格，这显然又与客户所期望的销售人员形象（如诚实、正直等）相背离，而且“出卖”自己的销售人员也必然难以获得客户的持久信任。对于那些坚守原则、不“出卖”自己的销售人员来说，有时候或许会失去一些眼前的“利益”，但从长远来看，他们将获得更大、更持久的利益。

对此，美国销售专家齐格拉深入分析道：一个能说会道却心术不正的人能够说得许多客户以高价购买劣质甚至无用的产品，但由此产生的却是三个方面的损失：客户损失了钱，也多少丧失了对他的信任感；销售人员不但损失了自重精神，还可能因这笔一时的收益而失去了成功的推销生涯；从整个行业来说，损失的是声望和公众的信赖。

的确如此，曾经在一段时间内，人们普遍对销售人员心存戒备，一个重要的原因是：过去，曾有一些销售人员为了谋求眼前利益不惜“出卖”自己的职业道德，对客户进行坑蒙拐骗，从而逐渐损害了销售行业的声誉；若干年后，那些一度“出卖”自己的销售人员在成功的销售员队伍中已经难觅踪影，而那些长期坚持“销售自己但不出卖自己”的销售员逐渐脱颖而出，赢得了客户的尊重以及市场。

在此，我们不妨看一个乔·吉拉德朋友的案例。

乔·吉拉德的某位朋友从事的是建筑行业，有一次他去参加一个竞标，争取高速公路下排水沟渠的建筑权。在竞标回来后，他对乔·吉拉德说：“乔，我得不到这笔生意了，但我毫不后悔。”

“为什么？”乔·吉拉德问。

“除了我以外，还有三个公司来参加竞标。我刚得知他们的报价都比我低。其实，我的报价已经够低了，但没想到竞争对手的报价比我还低。不过，我不会用便宜的材料——我有我的原则，一定要确保工程安全！我参加竞标的那个城市，已经有许多桥摇摇欲坠，需要好好整修，就是因为当初用的水泥等建筑材料质量太差。我竞标就会用最好的材料——不会被风沙和海水侵蚀的材料。我不会改变这个原则，即使我这次没有得到这个标。”

结果不出所料，乔·吉拉德的这位朋友竞标失败，没有得到这笔生意，因为他不愿出卖自己和别人（如客户的根本性安全利益）。然而后来，乔·吉拉德的这位朋友的工程安全原则逐渐被越来越多的客户所认知，于是，这位朋友在建筑业领域获得了高度的认可，主动找这位朋友合作的客户也越来越多了起来。

总之，销售人员在进行销售工作的时候，自我推销是为了给客户提供更好的服务，但绝不能出卖自己，否则将承担长久的损失和后果。

用一颗感恩的心做人做事

人活在世上，一定要有感恩之心，这样才会每天都有美好的心情。作为销售人员，或许我们在工作中有许多困难，会遇到很多挫折，我们的身体可能还会承受着疲乏与病痛之苦，但我们毕竟每天都在奋斗之中，每天都会结识新的客户、新的朋友，这不断地充实着我们的生命。对此，我们又怎能不怀有一颗感恩的心呢？

在销售生涯中，只有懂得感恩的销售人员才会站在客户的角度换位思考，才能了解客户的真实需求，才懂得如何去满足客户的需求，进而获得客户的信任和订单。对客户来说，那些怀着感恩之心做人做事的销售员，也正是他们要寻找的合作伙伴。

怀着一颗感恩的心去做销售，离不开我们全心全意地为客户着想。其实，销售人员时时刻刻为客户着想，站在客户的立场看待问题，尽可能为客户提供一场满意的购物之旅，从长远来看，会促使销售人员获得更大的发展。

销售员小陈是一个非常为客户着想的人，他在销售过程中坚持的原则是“做生意先做人”，坚持时刻为客户着想，站在客户的角度上真诚地替他们考虑。其实，每一天，小陈都是用感恩的心去做人做事，在她心里，感谢公司给她提供了工作机会和用武之地；感谢客户给了她销售的成就；感谢同事给予了她帮助。正是因为这样，小陈把自己的感恩之心用于努力工作当中，她的销售业绩在公司里也总是非常出色的。

一次，一个外地客户打来电话询问一些他们想要购买的机器价格等情况。小陈听了客户的描述后，感觉到客户要求配置的机型并不是非常合理，虽然按照客户的要求去做，她的销售额会很高，但是她却不打算这样做。于是，小陈在电话里向客户建议道：“我刚才仔细看了您的数据，觉得您报的机型配置有点不合理。当然，按照这样的配置使用起来是没有任何问题的，但问题是要达到同样的效果，机器数量和机型容量都可以减少一些，这样您投入的成本也会适当降低一些。”

“哦，是吗？”对方似乎有些惊讶地回答，“但这些类型的机器是厂里规定采购的，而且这也是经过了好几个工程师的测算，应该不会出现什么差错吧？”小陈听到这里心里感到一震，她甚至预感到可能会因为自己的专业水平不足而失去这单生意了。但是小陈还是心有不甘，在挂断电话之后，她又与公司的工程师一起做了一份详细的技术说明和可行性分析报告，并通过电子邮件发到了客户的邮箱里。

一个星期过去了，客户终于来电话了。客户在电话里甚至有些兴奋地告诉小陈：“其实我在之前已经打了很多电话咨询，可是没有一个人能够像你这样给我讲得如此详细，而且还不忘为我们着想。我现在就把合同传给你，而且我们公司也决定，你们就是我们的长期供货商了！”

从上述案例中，我们可以看到，坚持用一颗感恩的心去做人做事，既可以给所在的公司带去正能量，也能够获得更多客户的认可。的确，销售机遇一般只会偏爱感恩的人，只会青睐懂得如何去感恩的人。

最后，我们还要去感恩所从事的销售职业，这正如乔·吉拉德所说：“每一个销售员都应以自己的职业为傲，推销员推动了整个世界，如果我们不把货物从货架上与仓库里面运出来，整个社会体系就要停止运行了。”

所以，销售员们，带着一颗感恩的心出发，你一定会获得好运！

附录

★★★★★★★★★★

乔·吉拉德的销售秘诀

★★★★★★★★★★

1.“250定律”：不得罪每一个顾客

在每位顾客的身后都站着约250个人，这是与其关系比较亲近的人，如同事、邻居、亲戚、朋友等。

基于此，如果一个销售员在年初的一个星期里见到50个人，其中只要有两个顾客对这个销售员的态度感到不愉快，那么到了年底，由于连锁影响，就可能有5000个人不愿意和这个销售员打交道，因为他们知道一件事，那就是：不要跟这位销售员做生意。

这就是乔·吉拉德的“250定律”。由此，乔·吉拉德得出结论：在任何情况下都不要得罪哪怕是一个顾客；你只要赶走一个顾客，就等于赶走了潜在的250个顾客。

2. 名片满天飞：向每一个人推销

每一个人都使用名片，但乔·吉拉德的做法与众不同：他到处递送名片，在餐馆就餐付账时，他要把名片夹在账单中；在运动场上，他把名片大把大把地抛向空中，名片漫天飞舞，就像雪花一样，飘散在运动场的每一个角落。就是这样，乔·吉拉德向每一个人进行推销。

乔·吉拉德认为，每一位销售员都应该设法让更多的人知道他是干什么的，销售的是什么商品。这样，当他们需要这些商品时，就会想到他。

3. 推销产品的“味道”：让产品吸引顾客

每一种产品都有自己的“味道”，乔·吉拉德特别善于推销产品的“味道”。与“请勿触摸”的做法不同，乔·吉拉德在和顾客接触时，总是想方设法让顾客先“闻一闻”新车的“味道”。他让顾客坐进驾驶室，握住方向盘，自己触摸操作一番。

如果顾客住在附近，乔·吉拉德还会建议顾客把车开回家，让他在自己的太太、孩子和领导面前炫耀一番，顾客会很快地被新车的“味道”陶醉了。根据乔·吉拉德本人的经验，凡是坐进驾驶室把车开上一段距离的顾客，没有不买他的车的。即使当时不买，不久后也会来买。因为新车的“味道”已深深地烙印在他们的脑海中，使他们难以忘怀。

乔·吉拉德认为，人们都有好奇心，都喜欢自己来尝试、接触、操作。不论你推销的是什么，都要想方设法展示你的商品，而且要记住，让顾客亲身参与，如果你能吸引住他们的感官，那么你就能掌握住他们的感情了。

4．建立顾客档案：更多地了解顾客

乔·吉拉德说：“无论你推销任何东西，最有效的办法就是让顾客相信，而且是真心相信：你喜欢他，关心他。”

如果顾客对你抱有好感，你成交的希望就增加了。要使顾客相信你喜欢他、关心他，那么你就必须了解顾客，为此要搜集顾客的各种有关资料。

乔·吉拉德中肯地指出：“如果你想要把东西卖给某人，你就应该尽自己的力量去收集他与你生意有关的情报……不论你推销的是什么东西。如果你每天肯花一点时间来了解自己的顾客，做好准备，铺平道路，那么，你就不愁没有自己的顾客。”

乔·吉拉德认为，推销员应该像一台机器，具有录音机和电脑的功能，在和顾客接触过程中，将顾客所说的有用情况都记录下来，从中把握一些有用的材料。

乔·吉拉德说：“在建立自己的卡片档案时，你要记下有关顾客和潜在顾客的所有资料，他们的孩子、嗜好、学历、职务、成就、旅行过的地方、年龄、文化背景及其他任何与他们有关的事情，这些都是有用的推销情报。所有这些资料都可以帮助你接近顾客，使你能够有效地跟顾客讨论问题，谈论他们自己感兴趣的话题，有了这些材料，你就会知道他们喜欢什么，不喜欢什么，你可以让他们高谈阔论，兴高采烈，手舞足蹈……只要你有办法使顾客心情舒畅，他们就不会让你大失所望。”

5. 每月一卡：真正的销售始于售后

乔·吉拉德有一句名言：“我相信推销活动真正的开始在成交之后，而不是之前。”销售是一个连续的过程，成交既是本次销售活动的结束，又是下次销售活动的开始。销售员在成交之后继续关心顾客，将会既赢得老顾客，又能吸引新顾客，使生意越做越大，客户越来越多。

“成交之后仍要继续推销”，这种观念使得乔·吉拉德把成交看作是推销的开始。

“我卖车有些诀窍。就是要为所有客户的情况都建立系统的档案。我每月要发出1.6万张卡片，并且，无论顾客是否买我的车，只要与我有过接触，我都会让他们知道我记得他们。我寄卡的所有意思只有一个字：爱。世界500强中，许多大公司都在使用我创造的这套客户服务系统……我的这些卡与垃圾邮件不同，它们充满爱。我每天都在发出爱的信息。”乔·吉拉德如是说。

6.“猎犬计划”：让顾客帮助你寻找顾客

在生意成交之后，乔·吉拉德总是把一叠名片和“猎犬计划”的说明书交给顾客。说明书告诉顾客，如果他介绍别人来买车，成交之后，每辆车他会得到25美元的酬劳。这里的“猎犬”，是指那些会让其他潜在顾客找乔·吉拉德购买汽车的顾客。

通常在几天后，乔·吉拉德会寄给顾客感谢卡和一叠名片；以后，顾客仍会至少每年收到乔·吉拉德的一封附有“猎犬计划”的信件，提醒顾客乔·吉拉德的承诺仍然有效。乔·吉拉德认为，做销售这一行，需要别人的帮助。

实施“猎犬计划”的关键是守信用，即一定要付给顾客25美元。乔·吉拉德的原则是：宁可错付50个人，也不要漏掉一个该付的人。“猎犬计划”使乔·吉拉德的收益很大，乔·吉拉德为此自豪地说：“买过我汽车的顾客都会帮我推销。”

1976年，“猎犬计划”为乔·吉拉德带来了150笔生意，约占总交易额的三分之一；乔·吉拉德付出了1400美元的“猎犬”费用，收获了75000美元的佣金。

7. 诚实守信：推销的最佳策略

诚实，是销售的最佳策略，而且是唯一的策略，但绝对的“诚实”却是愚蠢的。销售容许“谎言”，这就是推销中的“善意谎言”原则，乔·吉拉德对此认识深刻。一般情况下，这种“谎言”绝不是销售中原则性的问题，主要用于改善顾客的心情。

比如，顾客和他的太太、儿子一起来看车，乔·吉拉德会对顾客说：“这个小男孩真可爱。”或许这个小男孩本身长相很丑，但乔·吉拉德的一番“恭维”，某种程度上也是对顾客心理的善意安抚。同时，乔·吉拉德认为，涉及销售中的原则性问题时，销售员就不可说谎。

在销售中，诚为上策，这是你销售员可以遵循的最佳策略。一般来说，说实话往往对销售员有好处，尤其是销售员所说的话，顾客事后可以去查证的情况。

对此，乔·吉拉德说：“任何一个头脑清醒的人都不会卖给顾客一辆六缸的汽车，却告诉对方他买的车有八个汽缸。如果这样的话，顾客只要一掀开车盖，数一数配电线，你就死定了。”

除上述秘诀以外，乔·吉拉德还有句名言：“有件事很重要，大家都要对自己保证，保持热情的火焰永不熄灭！”

为此，乔·吉拉德给自己立下的处事原则是：“你一定要与成功者为伍，以第一为自己的目标。”为了时时提醒自己，乔·吉拉德的衣服上通常会佩戴一个金色的“1”。有人问他：“因为你是世界上最伟大的推销员吗？”乔·吉拉德给出的答案是否定的。他说：“我是我生命中最伟大的！没有人跟我一样。上帝造了你后，就把模具毁掉了，这就是你的标志。就算没有指纹，也能在众多人中识别你：你的声音与众不同，通过声频可以找到你；你的气息也区别于他人……千万不要自卑、不要认为自己是个可怜的人！”

为了做自己“生命中最伟大的”的推销员，乔·吉拉德每天坚持这样离开家门：观察身上的所有细节，看看自己是否会买自己的账，是否能够接受自己的形象与综合素养。乔. 吉拉德认为，卖汽车，人品重于商品。一个成功的销售员，肯定有一颗尊重普通人的爱心。

正如乔·吉拉德所说：“推销的要点，不是在推销商品，而是在推销自己。”

后记

有时候，夜深人静，我会踱步到书橱前，看着那一本本曾陪伴自己走过不同人生阶段的书籍，偶尔会在脑海里浮现一件件往事。时间过得好快，转眼间，已经过去十余载时光。难以忘记，初涉社会时的迷茫，曾经在一线销售时奋斗过的峥嵘岁月，以及每一次的深思与总结。

或许，我是一个喜欢与大家分享想法的人，这么多年来，只要时间允许，我手中的笔就从未停歇过。“生命的过程，是最好的老师。”的确，无论什么样的概念，只要在岁月的长流中沉浸到足够的时间，就会渐渐地被人们领悟与认知。

可以说，在当今销售领域，正在兴起一种观点，并受到越来越多人的关注，那就是“服务式营销”。也就是说，将销售回归本质，视其为一种为客户提供有价值的服务；在这其中，销售人员最需要做的，不是一味喋喋不休地“推销”，而是在“修身”，即在练好销售服务功力的基础上，为客户提供优质的服务，让客户愿意接受你的服务。只要客户接受了你的销售服务，那么产品销售也就是水到渠成的事情。

所以，不要抱怨销售中来自客户的拒绝，那只说明客户拒绝你所提供的销售服务，往往并不代表他拒绝你销售的产品。销售是一个与人打交道的过程，你的销售服务做得好不好，会直接影响你在客户心目中的形象，这便成了你是否在客户眼里“做好人”的问题。

当我深刻地意识到这一点时，我为自己的销售理念有如此进步而快慰。我与朋友们一起探讨这个“销售即服务”的问题，我向一些销售从业者深度地解析这个问题，我欣喜地看到，我身边的朋友，以及我所接触到的一些销售从业者，无论在为人处世还是销售业绩方面，都有了明显的进步。

然而，当我在一些论坛上看到还有很多销售从业者对销售本质，以及如何才能做好销售工作存在一系列困惑时，我在想，如何系统地归纳与编写出一本更好地指导人们做好销售工作、让销售回归服务本质的书籍，是我自身认为应做好的一件事，也是我认为很有意义的一件事。

于是，就有了这本书的问世。在这里，我衷心地希望读者朋友们能喜欢上这本书，真诚地祝愿读者朋友们从本书中获益，也祝愿本书在此刻陪你一同进步！

梁汉桥

2016年9月